Historische Entwickelung

der

taktischen Uebungen

der

Preußischen Infanterie.

Von

R. Ollech.

Hauptmann und Compagnie = Chef im 30ften Infanterie = Regiment.

Springer-Verlag Berlin Heidelberg GmbH 1848

ISBN 978-3-662-39025-2   ISBN 978-3-662-39996-5 (eBook)
DOI 10.1007/978-3-662-39996-5

Vorwort.

Die militairischen Vorlesungen, welche im Laufe des Win=
ters 1846—47 von Offizieren der 14ten Division in
den Garnisonen Düsseldorf und Cöln gehalten wurden,
veranlaßten die Entstehung der „Historischen Entwickelung
der taktischen Uebungen der Preußischen Infanterie." Es
kam dieser Aufsatz in beiden Garnisonen zum Vortrage.
Indem der Verfasser denselben gegenwärtig den Cameraden
der Armee übergiebt, will er hiermit einen kleinen Beitrag
zur Erkenntniß des historischen Gesetzes geliefert haben,
nach welchem in der Entwickelung militairischer Zustände
überall ein vernünftiger Zusammenhang, ein nothwendiger
Fortschritt Statt findet. Eine Kritik, die sich dieses Gesetzes
für eine jede Erscheinung auf dem Gebiete des militairi=
schen Lebens bewußt ist, dürfte mit der natürlichen Milde

1*

für die Würdigung neuer Entwickelungsepochen auch den
allein richtigen Maaßstab für die wahre Schätzung derselben gewonnen haben. Und dieser Maaßstab lehrt uns,
in der reichen Entfaltung eines kräftig aufstrebenden Volks-
lebens, die militairische Größe Preußens erkennen, wie sie
durch die Leitung genialer Fürsten hervorgerufen worden
ist. Preußen ist groß geworden durch den Muth, die
Ausdauer, die Geschicklichkeit und strenge Zucht seines
Heeres. Der kriegerische Geist der Nation hat in diesem
Heere seine vollkommenste Manifestation gefunden; er hat
in ihm seine welthistorischen Triumphe gefeiert. — So
möge denn auch von diesem Standpunkte aus ein An-
knüpfungspunkt gefunden werden für die Festhaltung eines
national patriotischen Stolzes, der auf einer solchen Grundlage nur als der gerechte Ausdruck großer geistiger Lebenskräfte unseres Volkes erscheinen kann.

Es sind folgende Werke der Darstellung zum Grunde
gelegt worden:

1. Geschichte der Kriegskunst von J. G. Hoyer. Göt-
   tingen 1797.

2. Betrachtungen über die Kriegskunst (von Bären-
   horst). Leipzig 1798.

3. Corpus Juris Militaris oder vollkommenes Kriegs-
   Recht der hohen Potentaten in Europa. Frank-

furt am Main **1709** — enthält auch das Re=
glement von **1703**.

4. Geschichte des Preußischen Heeres von F. v. Ciriacy.
Berlin **1820**.

5. Denkwürdigkeiten zur Charakteristik der Preußi=
schen Armee unter dem großen Könige Friedrich
dem Zweiten. — Aus dem Nachlasse eines alten
preußischen Offiziers (v. Lossau). Glogau **1826**.

Dieses ausgezeichnete Werk hat der Verfasser für
die Schilderung der betreffenden Epoche vorzugsweise
benutzt.

6. Das brandenburgisch = preußische Kriegswesen um
die Jahre **1440**, **1640** und **1740** von H. von
Gansauge. Berlin **1839**.

7. Handbuch für Offiziere. Taktik von G. v. Scharn=
horst. Hannover **1820**.

8. George von Frundsberg oder das deutsche Kriegs=
handwerk zur Zeit der Reformation — von **Dr.**
F. Barthold. Hamburg **1833**.

9. Unterricht des Königs von Preußen (Friedrich **II.**)
an die Generale seiner Armee. Von G. Scharn=
horst. Hannover **1794**.

10. Das Reglement von **1788**.

11. Taktik der Neuern, wie sie sein
    sollte. Berlin 1805.
12. Annalen des Krieges. Berl. 1806. } Von
                                        H. v. Bülow.
13. Geist des neuen Kriegssystems.
    Hamburg 1805.

Hennert's Beiträge zur brandenburgischen Kriegsge=
schichte, und Stuhr's brandenburgische Kriegsverfassung
bedauert der Verfasser nicht zur Hand gehabt zu haben

Saarlouis im Januar 1848.

Ollech.

furt am Main **1709** — enthält auch das Re=
glement von **1703**.

4. Geschichte des Preußischen Heeres von F. v. Ciriacy.
    Berlin **1820**.

5. Denkwürdigkeiten zur Charakteristik der Preußi=
    schen Armee unter dem großen Könige Friedrich
    dem Zweiten. — Aus dem Nachlasse eines alten
    preußischen Offiziers (v. Lossau). Glogau **1826**.

Dieses ausgezeichnete Werk hat der Verfasser für
die Schilderung der betreffenden Epoche vorzugsweise
benutzt.

6. Das brandenburgisch=preußische Kriegswesen um
    die Jahre **1440**, **1640** und **1740** von H. von
    Gansauge. Berlin **1839**.

7. Handbuch für Offiziere. Taktik von G. v. Scharn=
    horst. Hannover **1820**.

8. George von Frundsberg oder das deutsche Kriegs=
    handwerk zur Zeit der Reformation — von Dr.
    F. Barthold. Hamburg **1833**.

9. Unterricht des Königs von Preußen (Friedrich II.)
    an die Generale seiner Armee. Von G. Scharn=
    horst. Hannover **1794**.

10. Das Reglement von **1788**.

11. Taktik der Neuern, wie sie sein
    sollte. Berlin 1805.
12. Annalen des Krieges. Berl. 1806. } Von
13. Geist des neuen Kriegssystems.   H. v. Bülow.
    Hamburg 1805.

Hennert's Beiträge zur brandenburgischen Kriegsge=
schichte, und Stuhr's brandenburgische Kriegsverfassung
bedauert der Verfasser nicht zur Hand gehabt zu haben

Saarlouis im Januar 1848.

                              Olle ch.

Einleitung.

Der nachfolgende Vortrag hat sich die Aufgabe gestellt, die taktischen Uebungen der preußischen Infanterie nach ihrer historischen Entstehung und Fortentwickelung in den allgemeinsten Zügen aufzuweisen. Ein solcher Versuch könnte vielleicht das Bedenken rege machen, daß er nur die Oberfläche, die blos formelle Seite des militairischen Lebens berühre, während im Gegensatz dazu mit Recht zu behaupten wäre, daß nicht diese Aeußerlichkeit, sondern ihr geistiger Gehalt, gleichsam die tiefere Bedingung des kriegerischen Geistes überhaupt, vorzugsweise Gegenstand der Untersuchung und Betrachtung sein müsse.

Allein eine jede historische Forschung, wenn sie zur Erkenntniß der Wahrheit durchdringen will, ist durch ihr inneres Gesetz sehr bald gezwungen, die einseitige Richtung einer bloßen Aneinanderreihung vereinzelter Thatsachen aufzugeben, und sich zu der Einsicht eines nothwendigen und universalen Zusammenhanges der Aeußerlichkeit mit ihrem Inhalt, des Geistes mit der Form, führen zu lassen. Von einem solchen Standpunkte aus erhält auch die geringste Erscheinung ihre eigenthümliche Bedeutung in dem Getriebe eines höheren Ganzen. Ist man einmal davon lebendig durchdrungen, so giebt man selbst da, wo man den Zusammenhang einer speziellen Form mit dem kriegerischen Geiste nicht gleich erkennt, doch gerne vorweg das Vorurtheil auf, als hätten sich unsere Vorfahren mit Beschränktheit und Unverstand in den einfachsten militairischen Verhältnissen bewegen können. Man gewinnt vielmehr durch ein fortgesetztes Studium die Ueberzeugung, daß Vernunft in allen Stufen einer historischen Entwickelung liegt; daß militairische Formen früherer Jahrhunderte immer dem Bedürfniß ihrer Zeit eutsprechend waren, und daß es demgemäß auch die Pflicht eines historischen Forschers sein muß, mit einer gewissen Pietät an die Erkenntniß dieses vernünftigen Zusammenhanges heranzutreten.

Freilich, es wäre kein Fortschritt möglich, wenn man die militairischen Formen einer kriegsgeschichtlichen Periode, weil sie damals zweckmäßig waren, auch gebieterisch noch für eine spätere Epoche beibehalten wollte. Eine spätere Zeit wird und muß auch kritisch, auflösend gegen eine vorangegangene verfahren, aber nur in dem Sinne der Erkenntniß, daß, weil die Zeit eine andere geworden, auch neue Formen dem neuen Geiste zu entsprechen haben. Ein ewiger Prozeß des Werdens gilt für jede Richtung menschlicher Thätigkeit.

Indessen eine Kritik, welche das Entwickelungsgesetz in dem beständigen Wechsel der militairischen Uebungen nicht zu verfolgen vermochte, und welche irre geleitet wurde durch die verschiedenartigen Wirkungen derselben, d. h. durch die entgegengesetzten Aeußerungen des kriegerischen Geistes bei gebildeten Völkern und bei rohen Horden, — diese Kritik hat den Werth taktischer Uebungen in Zweifel gestellt, und ihren Umfang auf den möglichst kleinsten Spielraum zurückzuführen gesucht. Sie glaubte ihre Stütze in der Behauptung zu finden, daß der Sieg an höhere Elemente als die einer mechanischen Fertigkeit und äußeren Routine geknüpft sei; sie forderte vor Allem die Begeisterung der Nation für den speciellen Kriegszweck. Allein wenn man zugiebt, daß die Armee der Repräsentant der Kraft und Selbstständigkeit derjenigen Nation ist, aus welcher sie hervorgegangen, so wird man gleichzeitig anerkennen müssen, daß der kriegerische Geist, welcher Beide in unauflöslicher Einheit durchdringen soll, auch wie jede andere Befähigung der Erziehung und Entwickelung bedarf. Die Schule zu dieser Erziehung ist die Armee; sie ist es durch die taktischen Uebungen; aber nur dann, wenn diese in zwiefacher Richtung aufgefaßt werden, nämlich als Beförderung der Kriegsfertigkeit und als Befestigung der Disciplin. Die Kriegsfertigkeit setzt die ausgedehntesten taktischen Uebungen voraus, weil sie mit der gewonnenen Geschicklichkeit auch den Muth und das Selbstvertrauen des Soldaten für alle Lagen des kriegerischen Lebens begründen; und eine Disciplin, welche im Glück wie im Unglück unerschütterlich ist, wird die reiche Quelle aufopfernder Treue und Hingebung an die geheiligten Interessen des Vaterlandes. Zwar hat man nicht immer die Uebungen zur Kriegsfertigkeit als das wirksamste Hülfsmittel zur Ausbildung der Disciplin betrachtet, und dennoch sind sie es! Befehl und Ausführung stehen hier durch das Commando im engsten Zusammenhange und in dem schnellsten Vollzuge. An keiner andern Stelle tritt die Nothwendigkeit des unbedingtesten Gehorsams dem Geiste des Soldaten so überzeugend entgegen, als wie an dieser; die tägliche Wiederholung macht ihm den stets erneuerten Gedanken der Unterordnung und Selbstverleugnung zur naturgemäßen Gewohnheit; und je größer die Strenge ist, mit welcher die Ausführung selbst in dem scheinbar unbedeutendsten Detail gefordert wird, um so mehr entspricht die Uebung ihrem doppelten Zweck: der gründlichen Durchbildung, der dauernden Kriegszucht, und durch Beides der Entwickelung eines ächt militairischen Geistes.

Auf einer solchen Grundlage ist die preußische Armee ein wesentliches Moment in dem Entwickelungsgange des allgemeinen kriegsgeschichtlichen Fortschritts geworden. Sie gewann diese Stellung in der zweiten Hälfte des achtzehnten Jahrhunderts, unter Verhältnissen, welche den Zeitgenossen einen solchen Einfluß nicht hatte ahnen lassen. Große Heere mächtiger Reiche, oesterreichische, französische und russische Armeen warfen sich auf eine Truppe, deren beschränkte Zahl schon einem dieser Heere schien erliegen zu müssen. Die preußische Armee sollte vernichtet, ober wie es spottend hieß, den Riesen der brandenburgischen Wachparade der Puder aus dem Zopfe geklopft werden, und schon nach drei Kriegen, welchen Schlesien den Namen gab, hatte sich dieses scheinbar dem Untergange geweihte Heer die Achtung von ganz Europa erworben; — es wurde selbst den andern, den feindlichen Armeen Muster und Vorbild für ihre eigene Organisation.

Ein solches Resultat, unter der unmittelbaren Leitung eines großen Königs herbeigeführt, wird uns mit patriotischem Stolz und mit Vertrauen auf die Leistungsfähigkeit eines preußischen Heeres erfüllen; und wir werden gleichzeitig mit Interesse nach den Ursachen fragen, welche in dem militairischen Entwickelungsgange so großartige Erfolge hervorbringen konnten. Die nachfolgende Darstellung wird uns diejenige Antwort geben, welche innerhalb eines kleinen Rahmens historischer Thatsachen des brandenburg-preußischen Kriegswesens gefunden werden kann.

Für unsern Zweck unterscheiden wir 3 Geschichtsperioden, nämlich:

1. Den Einfluß des Feuergewehrs auf die taktischen Uebungen bis zur Regierung Friedrich Wilhelms I.; vom 14. Jahrhundert bis 1713. Wir werden hier auch die Epoche vor der Erfindung des Feuergewehrs zum Verständniß der allmähligen Umwandlung skizziren müssen.

2. Die Liniar-Feuertaktik, von der Regierung Friedrich Wilhelm I. bis zur Thronbesteigung Friedrich Wilhelm III. Es umfaßt diese Periode den Zeitraum von 1713 bis 1797.

3. Die Colonnen-Taktik und das zerstreute Gefecht, von Friedrich Wilhelm III. bis jetzt. — Von dieser Epoche an scheint die Möglichkeit einer abermaligen großen Umwandlung nur in den erweiterten Erfindungen auf dem Gebiete der Mechanik und Chemie liegen zu können.

I. Periode.

Einfluß des Feuergewehrs auf die taktischen Uebungen bis zur Regierung Friedrich Wilhelm I. 1713.

———

So lange das Feuergewehr nicht erfunden war, hatten die militairischen Verhältnisse einen Charakter, der demjenigen unserer Zeit durchaus entgegengesetzt ist. Er spricht sich auf der Grundlage damaliger Volkszustände darin aus, daß die Individualität, die persönliche Bedeutung und Selbstständigkeit des Kriegsmannes noch das Uebergewicht über das Allgemeine, über die Interessen des Ganzen hatte, während gegenwärtig umgekehrt die allgemeinen Interessen so stark und überwiegend geworden sind, daß sich ihnen die Individualität vollständig unterordnet. Es liegt in dieser Richtung zur staatlichen und militairischen Einheit ohne Zweifel der höhere Fortschritt, der aber nicht früher gesucht und gefunden werden konnte, als bis die Bedeutung, der Werth der einzelnen Glieder innerhalb des Ganzen zum klaren geschichtlichen Bewußtsein gekommen war.

Die Lehnsverfassung des Mittelalters stellte zwar dem Kriegsfürsten die militairische Macht des Landes zur freien Verfügung, aber faktisch nicht mit unbedingter Gewalt, sondern es stand noch immer in dem zufälligen Entschluß der Lehnsträger, der Vasallen, ob sie dem Rufe ihres Fürsten unweigerlich, mit

Aufbietung ihres gesammten Anhanges, Folge leisten wollten oder nicht. Dieser Widerstand widersprach zwar ihrer Lehnsverpflichtung, aber er bildete sich in dem Maaße immer mehr aus, als die Macht der Vasallen auf Grund der Lehnserblichkeit zunahm, und sie die Behauptung eigener Selbstständigkeit nur durch die Schwäche landesfürstlicher Gewalt für möglich hielten. Das persönliche Interesse überwog also die Interessen des gesammten Vaterlandes. An der Stelle der Freiheit der Nation standen die Freiheiten, die Privilegien des Adels, der Geistlichkeit und der Städte, und die noch geringe Macht der Landesfürsten entwickelte sich erst in dem Kampfe gegen diese gesonderten und sich gegenseitig befehdenden Staatsglieder.

Es ist begreiflich, daß der Mangel staatlicher Einheit auch keine militairische Einheit möglich machte, und daß unter diesen Umständen eben so wenig von gemeinschaftlichen und gleichförmigen taktischen Uebungen die Rede sein könnte. Die Vorbereitung zum Kriege blieb daher die selbstständige Aufgabe des einzelnen Kriegsmannes, welche Forderung aber auch in dem edelsten Theile damaliger Heere, nämlich in den Rittern des Mittelalters keine Schwierigkeit fand, weil Waffenübungen zu Roß und zu Fuß ihre Lebensaufgabe waren, und ihre Tüchtigkeit darin das Fundament ihrer ritterlichen Ehre ausmachte. Für den gemeinen Haufen genügte es vollkommen, wenn er den Spieß, die vereinfachte Lanze, leidlich handhaben konnte, und sich willig in die Glieder der Schlachtordnung führen ließ. — Was der Ritter in eifriger Selbstübung an Gewandheit, Kraft und Zuversicht gewonnen, das bewährte er wie auf dem Felde so auch im Ernst und Scherz auf dem Kampfplatz der Turniere, um dort seinen Ruhm als tapferer Held stets von Neuem zu begründen. Die Entstehung der Turniere fällt in das 12. Jahrhundert, und sie hören mit dem Schluß des 16ten, verdrängt durch das „unritterliche Kanonenturnier," auf. Das Schießpulver proklamirte die Gewerbfreiheit innerhalb der Kriegskunst, und so mußten die bisherigen Alt-Meister des Waffenhandwerks, die Ritter,

mit ihren Gesellen, den Knappen, und ihren Lehrlingen, den Bu-
ben, das Feld dem einfachen Manne räumen, der ohne Ruf und
ohne Schwerdtschlag, nur mit dem Feuerrohr gerüstet, aus eigenem Beruf zum Kampfe eilte.

Wenn aber in irgend einer Periode, so kam in der des
Ritterthums das Gefühl persönlichen Werthes nicht nur
durch die Stärke des Armes, sondern auch durch den Muth und
den Edelsinn des Mannes, zum vollkommensten Bewußtsein, und
bildete so die größte historische Grundlage, auf welcher kriegerische
Tugenden sich auch in weiteren und niederen Kreisen ausbilden
konnten.

Der erste Schritt, welchen die Landesfürsten schon im Laufe
des **13.** Jahrhundert zur Selbstemanzipation aus den Fesseln der
Lehnsverfassung thaten, war die Anwerbung von Kriegsleuten,
welche für Sold die Interessen ihres Kriegsherrn verfochten. Die
Söldner konnten aber nicht früher eine entscheidende Bedeutung
erhalten, als bis die Entwickelung der fürstlichen Territorialmacht
die Mittel zur Soldzahlung gewann. Es geschah dies namentlich Anfang des 16. Jahrhunderts durch Einziehung der Klöster
und geistlichen Güter in Folge der Reformation, und durch Ein-
behaltung verfallener Lehen. Dennoch mußten die Mittel noch
beschränkt sein, so lange die Gesammteinkünfte des Landes theils
weniger geordnet waren, theils ihre Bewilligung von den wider-
strebenden Ständen des Adels, der Geistlichkeit und der Städte
abhängig blieb. Nur auf kurze Zeit zusammenberufen, finden die
Geworbenen erst in den späteren stehenden Heeren ihre Vollendung.

Die Söldner, in Deutschland seit Kaiser Maximilian I. als
Landsknechte bezeichnet, betrachteten das Kriegshandwerk im
Gegensatz zu der idealen Lebensaufgabe des Ritters, als einen
Erwerbszweig, wie ein jedes andere bürgerliche Gewerbe. In
dieser Auffassung, welche ihrer freien Wahl des Waffenhandwerks
entsprach, lag auch für sie die Verpflichtung sich selbst diejenige
Geschicklichkeit zu verschaffen, welche zur zünftigen Meister-
schaft des Kriegshandwerks gehörte, sei es durch gegenseitige Un-

terweisung oder durch Selbstübung, — und ebenso aus eigenen
Mitteln das nöthige Handwerkszeug, Wehr und Waffen, zu be=
schaffen und mitzubringen. Die ungleichförmige Kleidung, oft
phantastisch, immer beliebig, vollendete in dem Landsknecht das
Gefühl persönlicher Freiheit, und so konnte es nicht fehlen, daß
ungeachtet der gesetzlich bestimmten Unterordnung sich dennoch das
Institut der Landsknechte nach republikanischen Einrichtungen ent=
wickelte; daher sie einen Theil ihrer Vorgesetzten selbst wählten,
sich durch ihre Genossen auch selbst richteten und sich nach einem
freien und kurzen Bündniß auch den Wechsel eines neuen Kriegs=
herrn vorbehielten. In dieser eigenthümlichen Organisation foch=
ten sie im 16. Jahrhundert fast alle europäischen Kriege aus,
und von den Ufern der Garonne bis zum Tiber hin hatte der
Name der deutschen Landsknechte einen gefürchteten kriegerischen
Klang. — Was der ehrenvolle Ruf des einzelnen Ritters ge=
wesen, war hier zu dem Ruhme einer deutschen Genossenschaft
geworden, der anzugehören selbst Kaiser Max, der ritterliche Fürst,
und mit ihm der deutsche Adel nicht verschmähte.

Aber der Spieß, diese mächtige Waffe in der Hand der
Landsknechte, wurde allmählig durch das Feuergewehr verdrängt.
Auch konnte neben der Richtung fürstlicher Machtentwicklung der
Begriff eines freien Vertragsverhältnisses zwischen Söldner und
Kriegsfürsten nicht fortbestehen, denn Treue und Dienstpflicht mach=
ten sich ungeachtet des Eides faktisch von dem Zufall regelmäßiger
Soldzahlung abhängig. Die moralische Grundlage des Soldaten
verlor sich zur wilden Regellosigkeit. Es war daher natürlich,
daß sich der freie Vertrag allmählig zum militairischen Zwange
neigte, daß er bald in die Zwangspflicht eines Theiles der Unter=
thanen überging, bis er endlich in der neueren Zeit sich zu dem
Begriff einer ehrenvollen Pflicht aller Unterthanen gegen das ge=
meinschaftliche Vaterland geläutert hat.

Zur allgemeinen Verbreitung der Feuerwaffen gehörte ein
Zeitraum von circa 150 Jahren, von der Mitte des 14. bis
Ende des 15. Jahrhunderts. Die ersten kleinen Feuerwaffen

kommen 1381 in Augsburg vor; sie heißen Büchse oder Hand=
röhre, sind sehr dick, kurz und schwer, und haben Lunten=
schlösser. Das erste Scheibenschießen wurde 1429 zu Nürnberg
gehalten. Die stark gekrümmte Form des Kolbens veranlaßte die
Benennung Haken. Eine Handbüchse oder halber Haken
schoß 2 Loth Blei. 1517 wurden in Nürnberg die Radschlösser
erfunden. Man zog aber der Sicherheit wegen die Luntenschlösser
vor, daher bis über die Hälfte des 17. Jahrhunderts bloß an
den Pistolen und den Feuergewehren der Reuterei Radschlösser
vorkommen.

Wichtiger war die Einführung des kleinen Doppelhakens
oder der Muskete, welche in der Folge das allgemeine Feuer=
gewehr der Infanterie wurde; sie hatte ein längeres Rohr, eine
Kugel von 4 Loth Blei und eine Ladung stark genug, um auch
in weiter Entfernung, die Harnische der Schwergerüsteten zu durch=
dringen. Aber ihrer Schwere wegen konnte die Muskete nicht
aus freier Hand abgeschossen werden, sondern sie wurde auf einen
Stock mit einer Gabel gelegt, Fourquete, welche der Musketier
auf dem Marsche in der rechten Hand führte. An die Stelle
der ehemaligen Bogen= und Armbrustschützen traten jetzt die Ha=
kenschützen und Musketiere, anfangs natürlich noch in ge=
ringer Zahl.

Die Grundformation zur Schlachtstellung, welche sich
durch die ganze Kriegsgeschichte, wenn auch unter mannigfachen
Modificationen hindurchzieht, ist die der Colonne oder der Tiefen=
stellung. Schon die Phalanx der Griechen und die Manipular=
Cohorten=Stellung der Römer zeigen uns diese Formation, welche
wir auch bei den Landsknechten als viereckige tiefe Haufen oder
„gevierte Ordnung" wieder finden. Eine solche Wiederho=
lung, welche auch der neueren Zeit vorbehalten gewesen ist, deu=
tet auf eine gewisse Nothwendigkeit und Natürlichkeit der Form,
welche wir darin finden, daß sie einerseits dem Instinct des ge=
genseitigen nahen Schutzes, anderseits der Vorstellung einer ge=
meinschaftlichen Wirkung entspricht, welche mechanisch als Druck=

und Stoßkraft um so stärker zu sein scheint, je größer der Haufen
ist. Erst der Einfluß der Feuerwaffen konnte die Tiefe dieses
Haufens bis zur dünnen langen Linie vermindern, so wie es denselben Waffen zuzuschreiben ist, daß sich die Colonne allmählig
zur freisten Beweglichkeit nach Innen zu gliederte, und zu der
Form eines leicht gewandten taktischen Körpers hindurcharbeitete.

Die viereckigen Schlachthaufen der Landsknechte, von
den Spaniern Batalla, von den Franzosen Bataillon, von den
Deutschen Igel genannt, bestanden aus 10 Fähnlein oder einem
Regiment, circa 4000 Mann incl. 1500 Hakenschützen und ran-
girten in einer Tiefe von 59 Gliedern zu 51 Rotten, bildeten
also fast ein Quadrat. Die Pikeniere, der Hauptbestandtheil eines
solchen Haufens, trugen, als die Erben der Ritterrüstung, noch
den vollen Harnisch mit Pickelhaube, Brustück, Blechschurz, Kra-
gen und ganzen Armschienen. Der Spieß, die Pike, hatte eine
Länge von 16 bis 18 Fuß, um gegen die langen Speere der
Reuter nicht im Nachtheil zu sein, und außer dem Seitengewehr
steckten auch wohl noch 2 Pistolen mit Radschlössern im Gürtel.
Allein nicht alle Landsknechte waren so vollständig gerüstet. Diejenigen ohne Harnische mit breiten Schlachtschwerdtern oder kurzen Knebelspießen, ebenso die Hellebardiere, das sind die
Träger der Stangen, an welchen oben die alte germanische Streit-
art zum Ganzen gefügt war, nahmen abwechselnd mit den Pike-
nieren die innern Reihen ein, in welchen sich auch gleichmäßig
zu 3 und 4 die Fahnen des Regiments vertheilt fanden. So
undurchbrechbar in einander gefügt, konnte der „helle Haufen“
nur langsam vorwärts „drücken,“ voran der Oberst, neben ihm
die sämmtlichen Hauptleute als die muthigsten Männer des Regiments, dann die Knechte zum Angriff mit gesenkten Spießen,
während die hohle Trommel auf 3 Schritte 5 abgesetzte Schläge
that, um das Gemüth zur Kühnheit zu stimmen. Lange waren
die frommen Landsknechte unüberwindlich in dieser Ordnung.
Einfach, kunstlos, ungegliedert, wie sie war, erreichte sie den
Hauptzweck, die Masse zusammenzuhalten, und bot aus dem In-

nern eine unerschöpfliche Reserve für die Todten und Verwundeten
der äußern Glieder. Nur das Geschützfeuer konnte sie lockern, —
und so war es wieder die Feuerwaffe, welche den tapfern Lands=
knechten, wie den edlen Rittern, den Untergang vorbereitete.

Als die Hakenschützen und Musketiere zu diesem Schlacht=
haufen traten, wurden sie in das erste und letzte Glied, und als
Flügelrotten sämmtlicher Glieder, also ringsum gestellt, um so
von ihren Feuerwaffen zum Schutz des innern Kerns Gebrauch
machen zu können; der Rest formirte sich zu 4 Haufen, jeder in
7 Rotten und 37 Glieder, welche den 4 Ecken „angelenkt"
wurden. Demungeachtet lag die Entscheidung noch in der blan=
ken Waffe, in dem Spieß; der Kampf Mann gegen Mann, wie
ihn die Griechen, Römer und Ritter suchten, blieb noch das letzte
Ziel, und jede Uebung war daher nur auf das Einzelgefecht
gerichtet, als die natürlichste Form persönlicher Tapferkeit und
Mitwirkung. Den weniger Gewandten zeigte der Regiments=
Feldwebel, wie man die Spieße nach allen Seiten geschickt zu
schwenken habe; auch war er es, der den Igel formirte.

Diese allgemeinen deutschen Kriegsverhältnisse galten auch
für das brandenburgische Kriegswesen bis in die Mitte
des 16. Jahrhunderts. Ritterdienste und auf kurze Zeit die Lan=
desaufgebote der freien Stadtgemeinden bildeten die Bestandtheile
des vaterländischen Heeres, denen nur wenige Compagnien Lands=
knechte oder Söldner zur Bewachung der Schlösser und Festen
beigefügt wurden. Die beschränkten Mittel, so wie die Abhän=
gigkeit von den Ständen, welche sowohl dem Aufgebot beizu=
stimmen, als auch die nöthigen Steuern zur Besoldung zu be=
willigen hatten, waren hier, wie in Deutschland überhaupt, die
Schranken landesherrlicher Gewalt. Es bildeten deshalb auch
hier die Tourniere und die Waffenübungen des Einzelnen die
Grundlagen zur militärischen Befähigung.

Das Bedürfniß zu einer Gleichförmigkeit taktischer Ausbil=
dung fehlte so lange, als die Truppen nur auf wenige Monate
zusammenberufen waren, und als die Taktik selbst sich vorzugs=

weise auf dem einfachen Gebiete der blanken Waffen bewegte.
Mit der Entwickelung stehender Heere, welche schon im 16.
Jahrhundert ihren Anfang nahmen, und im Laufe des 17. für
die Landesherrn das Mittel wurden sich von dem hemmenden
ständischen Einfluß freizumachen, — kam auch das Prinzip der
Einheit, der Gemeinschaftlichkeit und Gleichförmigkeit, politisch
und militairisch zum allgemeinen Bewußtsein. Das neue Prinzip
wurde zunächst auf die Entwickelung des Feuergefechts über=
tragen, und gewann sehr bald nicht bloß auf die taktischen Uebun=
gen, sondern auf die gesammte militairische Organisation einen
Einfluß, der bis auf unsere Zeit mit stufenweisem Fortschritt in
die äußersten Consequenzen der Gleichförmigkeit übergegangen ist.
Eine historische Idee wird sich immer von unscheinbaren Anfängen
bis zur Vollendung hindurcharbeiten, und diese konnte es um so
leichter, als es ihre Aufgabe war mit der Entwickelung monar=
chischer Gewalt gleichen Schritt zu halten. Dem absoluten Königs=
thum war die vollkommenste Ausbildung taktischer Gleichförmigkeit
auf der Basis der strengsten Kriegszucht vorbehalten.

Der erste Schritt zur Entwickelung des Feuergefechts
war die Verminderung der Tiefenstellung. Ende des 16. Jahr=
hunderts werden die Hakenschützen und Musketiere, welche zu=
sammen bereits die Hälfte der Compagnie bildeten, schon in 8
bis 10 Glieder aufgestellt. Während aber die Pikeniere gegen
den Einbruch, auf dem rechten oder linken Flügel, dicht geschlossen
standen, hatten die Musketiere zwischen den Gliedern und Rotten
Zwischenräume von 3 bis 6 Fuß. Diese Intervallen und Distancen
waren nothwendig, um für die bequeme und sichere Handhabung
der Muskete mit der Gabel Raum zu haben, um so mehr, da
die Muskete ihrer Schwere wegen horizontal getragen wurde, —
und um die Durchführung eines continuirlichen Feuers zu
begünstigen.

Wenn nämlich die Musketiere des 1. Gliedes abgefeuert
hatten, so machten sie kehrt und gingen durch die Intervallen der
Rotten bis hinter das letzte Glied zurück, während alle übrigen

Glieder um die Distance eines Gliedes vorrückten. Hinter dem letzten Gliede lud das 1. Glied seine Gewehre, während das 2. Glied feuerte, und so fort bis zum 10. Gliede. Diese ununterbrochene Dauer des Feuers wurde aber auch dadurch erreicht, daß, nachdem das 1. Glied gefeuert hatte, die eine Hälfte rechts um, die andere links um machte, und beide sich um die Flügel bis hinter das letzte Glied zurückzogen. Diese Art folgte aus der Verengung der Intervallen zwischen den Rotten.

Die Muskete war zwar bereits erleichtert worden, wog aber doch noch mit der Gabel 15 Pfund; ihre Kugel 2 bis 3 Loth; dagegen der Haken oder die Arkebuse 10 Pfund, mit einer Kugel von 1 bis 2 Loth. Außerdem führte ein jeder Musketier 1 Pfund Pulver bei sich, 6 Klafter Lunte und 15 bleierne Kugeln; der Hakenschütze oder Arkebusierer ebenso, nur hatte er 30 Kugeln. Das Pulver war, abgewogen nach Ladungen in hölzernen Büchsen vertheilt, die an dem Bandelier von der linken zur rechten Schulter herabhingen, und um denselben Riemen war auch die Lunte geschlungen, welche vor jedem Schuß stückweise dem Maule des Hahns eingepaßt wurde. An dem untersten Ende des Bandeliers hing die Pulverflasche mit dem Zündpulver, welches zu jedem Schuß auf die Pfanne geschüttet wurde, und endlich daneben ein lederner Beutel mit den Kugeln. So ausgerüstet wird es begreiflich, wie Ruhe und Bedächtigkeit, oder mit einem Wort Langsamkeit, das Prinzip des Feuers sein mußte, ganz im Gegensatz zu der folgenden Periode, in welcher Alles mitwirken mußte, die höchste Schnelligkeit des Feuers zu erzielen. Dem Musketier, der schon genug belastet war, gab man, mit Ausnahme des eisernen Sturmhutes, keine Rüstung, ließ dieselbe jedoch in historischer Ueberlieferung noch dem Pikenier, zum Schutz gegen den nahen Einzelkampf.

Wir sahen, wie bisher die Geschicklichkeit für das Kriegshandwerk Sache der Selbstausbildung war; allein seit den niederländischen Freiheitsfriegen, Ende des 16. und Anfang des 17. Jahrhunderts, fand auch hierin der erste große

2*

Fortschritt zur gemeinschaftlichen reglementarischen Ausbildung statt. Das Bedürfniß der Einheit mußte bei den Niederländern stärker hervortreten, als bei jedem andern Volke ihrer Zeit; der starke Soldaten-Verbrauch in der langen Dauer der Kriege machte überdies eine strenge Auswahl der Geschickteren nicht mehr möglich, um so mehr, da die Pike zwar leichter zu handhaben, aber auch weniger wirksam gegen die Feuerwaffe, immer mehr in den Hintergrund trat; — deshalb gab Prinz Moritz von Oranien, Anfang des 17. Jahrhunderts, die erste reglementarische Vorschrift über die Handgriffe der Muskete und gleichzeitig auch der Pike. Die holländische Kriegsschule wurde aber in allen ihren Richtungen das Muster und Vorbild ihres Jahrhunderts; der große Churfürst Friedrich Wilhelm empfing in ihr seine militairische Ausbildung, und somit mußte eine Fortwirkung auf das brandenburgische Kriegswesen hiermit in dem unmittelbarsten Zusammenhange stehen.

Auch die Theorie bemächtigte sich des neuen Gegenstandes, und 1615 verfaßte Johann Jakob von Wallhausen, Obrist der Stadt Danzig, eine Kriegskunst zu Fuß und zu Pferde, erläutert mit Kupfern, worin 143 Tempos abgebildet sind, welche der Musketier durchmachen sollte, um für abgerichtet zu gelten, ebenso 21 Tempos mit dem Spieß. — In Folge dieser beginnenden Gleichförmigkeit übernahm jetzt der Landesherr auch die Lieferung der Waffen, machte Versuche einer gleichmäßigen Kleidung, und sprach seinen Willen schärfer und bestimmter als Kriegsherr aus.

Dieser historisch wichtige Umschwung wird in dem vaterländischen Kriegswesen durch den großen Churfürsten zuerst vermittelt, der 1640 die Regierung des Staates übernahm. Obschon erst in einem Alter von 20 Jahren zeigte dieser junge Fürst doch schon den strengen und ächt soldatischen Charakter, der ihn befähigte, dem preußischen Staat bis auf den heutigen Tage die eigenthümlich militairische Physiognomie zu geben, durch welche er später in die Reihe der Großmächte Europas eintrat. Den Commandanten von Spandau, von Rochow, der sich weigerte, ihm sofort zu gehorchen, ließ er aller seiner Chargen entsetzen; es war das ernste Vorspiel der strengen Kriegszucht, welche er forderte und 1656 durch den neuen „Churbrandenburgischen Artikelsbrief" (der älteste ist von 1478) einführte. Waren früher nur Verbrechen mit dem Tode bestraft worden, und das Verhältniß der Subordination fast außer Acht gelassen, so wurde jetzt dem Ungehorsamen, dem Widersetzlichen, dem Beleidiger des Vorgesetzten gedroht, er „solle ohne alle Gnade arquebusiret werden." Es war ein neuer Geist, der hierin waltete. — Allein um ein Heer zu erhalten, welches nur von seiner, des Churfürsten, freien und selbstständigen Bestimmung abhing, mußte er die politischen Schranken landständischer Gewalt durchbrechen, und in der That gelang es ihm, das Prinzip der Einheit zur anerkannten Grundlage des Staats zu machen. Die bisherigen Ritterdienste erließ er gegen Geldzahlungen, und führte die indirecte Verbrauchssteuer, die Accise, zur Erhaltung seiner Truppen ein; dadurch gewann er die Mittel zu einer freien Verfügung. Das Heer, welches er vorfand, zählte kaum 6000 Mann; er wußte es bald auf 30 bis 40,000 Mann zu bringen, und ungeachtet der Schwedenkriege hinterließ er dennoch bei seinem Tode 25000 Mann; so mächtig erwies sich gleich in seinem ersten Fortschritt das neue Prinzip.

Aber nicht nur die Taktik der Holländer, auch die der Schweden war von Einfluß auf die Gestaltung des brandenburgischen Kriegswesens; eine lange Leidensperiode hatte beide Heere zur Zeit des 30jährigen Krieges in enge Berührung gebracht.

Der Schwedenkönig Gustav Adolph schaffte nämlich 1626 die Gabel der Muskete ab, wodurch eine neue Art des Feuerns möglich wurde. Mußte das feuernde Glied bis jetzt seine Stelle verlassen, um dem folgenden mit den Gabeln Platz zu machen, so konnte nun der erleichterte Musketier auf der Stelle laden, und was noch mehr galt, es konnte das 1. Glied gleichzeitig mit den andern, aus freier Hand anschlagenden Gliedern feuern. Der große Schritt vom continuirlichen Feuer zum Massenfeuer war hiermit geschehen. Gustav Adolph stellte zu diesem Zweck die Musketiere, welche bereits die Hälfte einer Compagnie von 300 Mann bildeten, nicht mehr in 10, sondern in 6 Gliedern auf, ließ aber noch zum Feuern die 3 hintern Glieder in die Intervallen der vordern eindubliren, so daß sie zum Gefecht in 3 Gliedern standen. Diese Stellung mußte durch die doppelte Anzahl Gewehre auf demselben Raum ein entscheidendes Uebergewicht über die ältere Formation gewinnen, und zwar um so mehr als seit 1631 (Werben) das 1. Glied niederkniete, das 2. stehen blieb, das 3. überrückte, und nun alle 3 gleichzeitig feuerten. Aber dieses dem einfachen Gliederfeuer überlegene Massenfeuer blieb zunächst nur auf einzelne Abtheilungen beschränkt; dies ist der Uebersprung des späteren reglementarischen Peloton- oder Zugfeuers, welches sich in consequenter Verfolgung derselben Idee bis zu dem gleichzeitigen Feuer zweier Züge, Divisions- oder Compagniefeuer, und bis zu dem Feuer sämmtlicher Züge, das ist der Salve des Bataillons, ausbildete. Die langsame Ausbreitung eines neuen Schrittes in der Kriegskunst machte jedoch, daß das Gliederfeuer noch seine vorherrschende Bedeutung behielt; es wurde jetzt Defileefeuer genannt, wenn die Rotten durch die Intervallen zurückliefen.

Die Pikeniere blieben immer in 6 Gliedern; von ihnen erwartete man den stärksten Widerstand gegen die Cavallerie, daher eine Schwächung zur dünnern Linie nicht rathsam schien. Neben der auf dem Boden gestützten Pike hielten sie in vorwärts gelegter Körperhaltung, das linke Knie gebogen, mit der rechten Hand auch den Degen der heransprengenden Cavallerie entgegen. Diese Stellung hielt man für so stark, daß man glaubte, den Musketier auf ähnliche Weise schützen zu müssen. In Stelle der Gabel gab man ihm deshalb die mit Eisen zugespitzte dünne Pallisade oder Schweinsfeder, die mit der einen Spitze schräge in die Erde gestoßen, mit der andern der Brust des Pferdes zugekehrt war; dahinter stand der Musketier im Anschlage. Allein das Prinzip der Erleichterung verdrängte die Schweinsfedern in kurzer Zeit; sie kehrten noch einmal in veränderter Gestalt, aber mit gleichem Zweck in den spanischen Reutern wieder, wurden jedoch in der 2. Hälfte des 18. Jahrhunderts bis jetzt der Feldfortification überwiesen. — Indessen blieb die Meinung, daß der Musketier auch ohne Kugel im Lauf gegen den Cavalleristen geschützt sein müsse und diese Absicht führte von der Schweinsfeder zum Bajonnett. 1640 wurde es in Frankreich erfunden, zweischneidig, 1 Fuß lang, 1 Zoll breit und kunstlos mit einem 9 Zoll langen Stiel von Holz in den Lauf der Muskete gesteckt. Das war die wichtige Vermählung des Feuergewehrs mit der Pike, welche nun mit schnellen Schritten ihrem Untergange entgegen ging; Jahrhunderte lang ruhmvoll gebraucht, verschwindet jetzt die Pike aus dem Arsenal der Infanterie-Bewaffnung; das stärkere Prinzip des Feuers hat sie besiegt, und umsonst suchte ein Chevalier Folard, umsonst der tapfere Moritz Marschall von Sachsen sie in die Reihe neuer Waffen zurückzuführen. Doch erst in der folgenden Periode treten die eigenthümlichen Wirkungen ihres Verschwindens hervor.

Die selbstständig gewordene Muskete hatte jetzt ihre Wirkungen durch mechanische Verbesserungen zu steigern und diese fanden sich fast gleichzeitig in der Umwandlung der losen Pulverladungen zu papiernen Patronen, in der Einführung der ledernen Patrontaschen, und was das Wichtigste war, in der Erfindung des französischen Steinschlosses, welches erst die neuste Zeit in das vollkommnere Percussionsschloß umgewandelt hat. — Die neue Waffe wurde Flinte, fusil, genannt, im Unterschiede von der alten Luntenmuskete, und der Name Füsiliere, als die leichter Bewaffneten, tritt neben dem der Musketiere auf.

Nachdem man mit der Idee des Ladens auf der Stelle und mit dem Niederfallen eines Gliedes vertraut geworden war, so suchte man Beides auch da zu benutzen, wo zum Gefecht 6 Glieder hintereinander stehen blieben. Demgemäß wurde das Gliederfeuer auch in der Art durchgeführt, daß die **5** vordern Glieder niederfielen, das 6. Glied zuerst darüber fortschoß, dann das **5.** aufstand und schoß, und so fort bis zum 1. Gliede hin; aber auch in umgekehrter Ordnung fand es statt, d. h. das 1. Glied schoß zuerst und fiel dann nieder u. s. w. Auf diese Weise erschöpfte man alle Variationen, deren das Gliederfeuer bei der bestehenden Tiefenstellung fähig war.

Auch der große Churfürst benutzte die 6gliederige Stellung. Der Kampf mit den Schweden bot die glückliche Gelegenheit, die neue Richtung der Taktik in ihrem Werth zu erproben, aber er wurde noch mehr der zündende Funke für die Entwickelung eines patriotisch-kriegerischen Sinnes. Der Sieg bei Fehrbellin am 18. Juni 1675 begründete in dem Heer und in dem Lande dasjenige Selbstbewußtsein, welches einem vorwärtsstrebenden, jugendlichen Staate unentbehrlich ist, der durch seine energische Thatkraft in dem Fürsten und seiner Armee auf gleiche Weise repräsentirt, die Bahn zu einer großen Zukunft betritt. — Die jetzt geforderte Hingabe des Einzelnen an das Allgemeine drückte sich zunächst in der verallgemeinerten gleichförmigen Kleidung aus; ihre Grundfarbe wurde blau, obschon die Leibwachen früher schwarz und weiß, die Hausfarben der Hohenzollern, getragen hatten. Eine festere Eintheilung, wenigstens für den Krieg, bestimmte die Gliederung der Regimenter in Bataillons; zum Werfen der Granaten aus freier Hand wurden jeder Compagnie einige Grenadiere beigegeben, und ebenso Schützen und Jäger, welche mit gezogenen Büchsen 1674 in dem Feldzuge am Rhein die Bestimmung erhielten, vorzugsweise nach den feindlichen Offizieren zu feuern. Die Anzahl der Pikeniere wurde auf ein Drittel jeder Compagnie herabgesetzt, und **1670** die papiernen Patronen eingeführt. — Der neue Geist strenger Subordination, den wir schon eben in den Kriegsartikeln andeuteten, bedurfte aber auch neuer Hülfs- und Erziehungsmittel und diese wurden gefunden in einem veränderten Strafmodus. Konnten früher Strafen nur durch richterliches Urtheil über den Söldner verhängt wer-

den, so ging nun ein Theil dieser Gewalt auf die Vorgesetzten über, mit der Berechtigung, nicht nur Vergehen, sondern auch Fehler bestrafen zu dürfen; es bildeten sich auf diese Weise die Disciplinarstrafen aus, der mächtigste Hebel, um für die nun folgende große Exercier=Periode, den selbst willigen Soldaten in eine schweigende tactische Maschine umzuwandeln. Der Stock bildete diese neue Metamorphose. Seine historische Aufgabe ist mit dem Anfange unseres Jahrhunderts erfüllt gewesen; die allgemeine Gesittung hat für die militairische Erziehung höhere Elemente an seine Stelle gesetzt. Damals jedoch wurde er nicht blos das ausschließliche Eigenthum des Soldaten, sondern auch die bürgerliche Pädagogik erkannte ihn als die unentbehrliche Zauberruthe für Zucht und Ordnung. Der Stock ist daher für diese und die folgende Zeit nicht als der Ausdruck inhumaner Willführ zu betrachten; er ist vielmehr der Repräsentant einer eigenthümlich praktischen Richtung, denn Vergehen, Strafe und Besserung schwanden durch ihn zu einem Moment zusammen. Wie ausgedehnt gleich im Anfange der Gebrauch des Stockes wurde, zeigt eine Ordre des großen Churfürsten, die er kurz vor seinem Tode, am 29. Januar 1688 erließ, und worin er miß=billigend sagt: „Es ist bei Unserer Milice oftmalen bishero ge=
„schehen, daß die Soldaten oder gemeinen Knechte, wenn sie ex=
„cediret, oder sich vergriffen, alsofort zwischen die Pique geführt,
„und von den Unteroffizieren mit Stockschlägen und Prügeln gar
„übel zugerichtet worden ... Wir haben hiermit bekannt machen
„wollen (an die Regiments = Commandeurs), daß wir dergleichen
„rigueur nicht billigen ... und soll solches hinfüro abgestellet
„werden." ... Allein die historische Mission des Stockes war stärker als die wohlgemeinte humane Ordre.

Nach dem Vorbilde der Holländer und Schweden entwickelte sich auf der neuen Grundlage das Institut der Exercier= oder Drillmeister. Die schwierige Kunst des Drillens oder Trillens wurde Anfangs nur von Wenigen geübt, daher sich der Erfolg auch nur langsam verbreiten konnte, zunächst allein auf die Neu=

geworbenen, später auch als Friedensbeschäftigung und Fortbildung auf die älteren Soldaten. Die Unterweisung blieb auf die
Handgriffe zum Laden und Abfeuern des Gewehrs beschränkt,
weil hierin das einzige Mittel zum Siege zu liegen schien. Das
Formiren in Glieder, das Oeffnen, Aufschließen, Eindubliren und
die Bildung einer schmalen Marschfront machten den Hauptinhalt
der Elementar-Taktik aus. Das erste gedruckte Reglement
wurde jedoch mit eigenthümlich innerer Beziehung von dem ersten Könige von Preußen, von Friedrich I. als Churfürst
Friedrich III. (1688 — 1713) gegeben. Es führt das Datum
vom 18. Dezember 1703, also nicht drei volle Jahre nach der
Königskrönung, und den einfachen Titel: „Exercice von den
Handgriffen mit der Flint." Der Inhalt ist kurz und charakteristisch folgender:

„Wann die Compagnien aufmarschirt sind, die Glieder in
„gehöriger Distance stehen, nämlich 4 Schritt von einander, die
„Reihen (Rotten), daß ein Mann dem andern die Hand kann
„auf die Schulter legen, läßt der Major einen Würbel schlagen.
„Darauf die Grenadiere, so bei den Compagnien stehen rechts
„um, die Musketiere aber links um machen. Die Ober- und
„Unteroffiziere nehmen ihr Gewehr hoch. Auf den Troup-Ab-
„schlag marschieren die Grenadiere nach der rechten, und die
„Musketiere nach der linken Hand; auf den folgenden Würbel
„herstellen sie sich. Als die Rotten voll gemacht, folgt (das
„1. Commando): „Ihr Herren Officiers man wird exer-
„ciren!" Da läßt der Major einen Würbel schlagen, worauf
„die Ober- und Unteroffiziere ihre Piken und Gewehre hoch neh-
„men; auf den andern Würbel sich rechts umkehren; auf den
„Troup-Abschlag, der von den beiden Flügeln nach der Mitte zu
„geschlagen wird (d. h. die Tambours vereinigen sich dort),
„marschiren die Ober- und Unteroffiziere mit den Fahnen durchs
„Bataillon, und bleiben die Oberoffiziere 8, die Unteroffiziere
„4 Schritt hinter dem letzten Gliede stehen. Auf den Würbel-
„schlag links herstellen sie sich. 2. Tragt das Gewehr

„wohl!" Da richten sie sich und machen, daß das Gewehr egal
„und in gleicher Höhe auf der Schulter liegt. 3. Macht euch
„fertig zum exerciren! 1) Die rechte Hand an den Kopf;
„2) laßt sie wieder fallen." (Militairischer Gruß?)

    Im Verfolg ist nun die Hauptsache das Laden. Es ge-
schieht nicht hintereinander fort, sondern nach 18 Commandos.
Nämlich: „1. Bringt das Gewehr an die rechte Seit! 2. Er-
„greift euer Pulverhorn! 3. Pulver auf die Pfann! 4. Schließt
„die Pfann! 5. Bringt das Gewehr vor euch! 6. Links schwenkt
„euer Gewehr zur Ladung. 7. Ergreift die Patron. 8. Oeffnet
„die Patron (geschah mit dem Munde). 9. Steckt sie in den
„Lauf. 10. Ziehet aus den Ladestock (geschah in 3 Zügen).
„11. Den Ladestock hoch (wurde hierbei umgewendet, so daß das
„dicke Ende nach unten kam). 12. Verkürzet den Ladestock.
„13. Steckt ihn in den Lauf (die Instruction sagt hier: Der
„Ladestock wird in 3 Zügen zu Grund gebracht, es wird aber
„bei einem jeden Griffe angehalten). 14. Setzet an die Ladung
„(Wird dreimal gestoßen). 15. Ziehet aus den Ladestock! (Wird
„in 3 Zügen ausgezogen.) 16. Den Ladestock hoch! (Wird um-
„gewendet.) 17. Verkürzet den Ladestock! 18. Bringt ihn an
„seinen Ort! (Wird in drei malen an seinen Ort gebracht, und
„zuletzt mit der flachen Hand aufgedrückt.)" — Das Feuern,
wobei das Gewehr vor die Brust gebracht wurde, geschah nach
folgenden Commandos: „1. Die rechte Hand an euer Gewehr!
„2. Das Gewehr hoch! 3. Mit der linken Hand ans Gewehr!
„4. Spannt den Hahn! 5. Schlaget an! 6. Feuer! 7. Setzet
„ab! 8. Den Hahn in seine Ruhe! 9. Wischet die Pfanne aus!"
— Dann folgte wie oben das Laden.

    Zum Kampf mit der blanken Waffe mußte das Bajonnett
aus einer ledernen Scheide erst aufgesteckt werden. Auch hier
geschah Alles nach Commando. Das Präsentiren des Gewehrs, war nach Art der Pikenhandhabung noch mit einem
Strecken verbunden. Der Soldat legte das Gewehr vor sich auf
die Erde, und nahm es dann wieder auf. Es lag darin die

vollkommenste Anerkennung, daß der Inspizirende (der Fürst oder
sein Stellvertreter) Herr über ihn und seine Waffe sei. Auch
verkehrt wurde das Gewehr geschultert getragen, ebenso un=
ter dem linken oder rechten Arm, das Schloß nach unten. Diese
Manipulation des Gewehrs wechselte mit den Wendungen ab.
Das Exerziren mit der Flint umfaßte 82 Commandos, der größte
Theil mit zwei bis drei Tempos, worauf der Schluß in folgender
Art stattfand: „Auf den ersten Würbelschlag nehmen die Ober=
„und Unteroffiziere ihre Gewehr hoch, auf den Troup = Abschlag
„marschiren sie zugleich mit dem linken Fuß an ihre Posten. Die
„Tambours schlagen von der Mitte wieder zurück nach den Flü=
„geln von da sie gekommen sind."

Dies war aber nur der 1. Act des Exerzierens; der 2te ist
vorgeschrieben in den „Evolutiones der Königlich Preußischen
Infanterie" — von demselben Fürsten. Schon 1689 hatte der
König als Churfürst die Pikeniere aufgelöst, wodurch auch
die eisernen Rüstungen aus den Reihen der preußischen Infanterie
verschwanden; ebenso schaffte er die Muskete ab, und setzte an
deren Stelle die schon genannte Flinte mit dem Steinschloß und
Bajonnett. Die Zahl der Glieder verminderte er ebenfalls von
6 auf 4, und gab den Regimentern auch für den Frieden die
feste Eintheilung von 2 Bataillons à 5 Compagnieen zu 145
Mann. Die historische Ueberlieferung von 10 Fähnlein eines
Regiments wirkte also noch fort, wie denn auch jede Compagnie
noch ihre Fahne hatte. Sobald aber das Bataillon zu den
„Evolutiones" zusammentrat, so gab man die Eintheilung in
Compagnieen auf, und bildete dagegen 4 Abtheilungen oder Di=
visionen, von denen jede wieder in 4 Pelotons zerfiel, mithin
das Bataillon aus 16 Pelotons oder Zügen bestand. Sie wur=
den theils von Offizieren, theils von Unteroffizieren geführt, und
zwar 3 Offiziere bei jeder Division, während 1 Capitain hinter
dem Bataillon stand, ebenso hinter jedem Flügel 1 Offizier. Vor
der Front befand sich nur der Commandant und der Major; die
Fahnen und Tambours in der Mitte. Sollte nun zum Feuern

übergegangen werden, so wurde kommandirt: „Gebt Achtung!
Das ganze Bataillon schließt euch zum Chargiren!
Marsch!" Das 2. und 3. Glied rückten nun auf, ebenso das
4te auf halbe Distance, blieb aber dann mit Gewehr über stehn.
Die Fahnen und Tambours traten aus der Mitte zwischen das
3. und 4. Glied. Ein Wirbel bezeichnete den Anfang des continuirlichen Pelotonfeuers, welches gleichzeitig auf beiden
Flügeln seinen Anfang nahm, und so mit überspringenden Pelotons bis nach der Mitte ging, also das 1. und 16., 3—14.,
5—12., 7—10., 2—15., 4—13., 6—11., und 8—9. Hierzu
bemerkt die Vorschrift: „Dabei ist zu observiren, daß die Ober-
„und Unteroffiziers langsam und laut commandiren, auch nicht
„die Pelotons zu geschwinde aufeinander Feuer geben, damit die
„ersten wieder Zeit gewinnen zu laden. Nämlich, wenn das 1.
„und 16. Peloton kommandirt wird: Schlagt an! — Alsdann
„wird das 3. und 14. kommandirt: Macht euch fertig! —
„Bei jedem Kommando wird ein wenig angehalten, damit die
„Ober- und Unteroffiziers sehen können, ob sich die Leute recht
„fertig machen, hernachmals, ob sie wohl anschlagen, welches den
„Leuten alles sonder Geschrei muß gewiesen werden." — Auf
den 2. Wirbel hörte das Pelotonfeuer auf, aber nun fielen die
3 vordersten Glieder auf die Knie, und das 4. Glied nahm das
Feuer auf, zuerst das 4. Glied der 1. und 4. Division, dann
das der 2. und 3. Division, jenes kommandirt von den schließen-
den Flügeloffizieren, dieses von dem Capitain hinter der Mitte.
Der 3. Wirbel bezeichnete wieder das Aufstehen der 3 ersten
Glieder und die Fortsetzung des Pelotonfeuers, welches auch zum
zweiten Male mit dem Feuer des 4. Gliedes wechselte.

Dieselbe Reihenfolge des Feuers wurde auch im Avanciren geübt, wobei das Bataillon mit dem linken Fuße antretend,
langsam vorrückte, und die feuernden Pelotons immer um 3
Schritte vorauseilten, während das Bataillon in langsam abge-
messener Bewegung blieb. Nur wenn das 4. Glied an die Reihe
kam, mußten die 3 vordersten Glieder halten, und auf die Knie

fallen. Beim Retiriren blieben die feuernden Pelotons stehen, während das Bataillon langsam weiter marschirte, und jene dann nacheilten. Im Gehen mußte geladen werden. Hatte das Bataillon wieder Front gemacht (rechts um kehrt), dann wurde commandirt: „Gebt Achtung! Die drei vordersten Glieder auf die Knie! Das ganze vierte Glied macht euch fertig! Schlagt an! Gebt Feuer!" — Hierauf: „Das 3te und 2. Glied macht euch fertig! Schlagt an! Gebt Feuer!"

Muß das Feuer in der Bewegung ähnlich dem unserer heutigen Schützen, als ein wesentlicher Fortschritt anerkannt werden, so erscheint doch hier derjenige Fortschritt als wichtiger und praktischer, nach welchem das Gliederfeuer, in dem gleichzeitigen Feuer des 2. und 3. Gliedes, den 1. Schritt zur Bataillonssalve macht, wenngleich sich dieselbe noch nicht auf 3 Glieder erstreckt. — Diesem Massenfeuer folgte das Avanciren mit gefälltem Gewehr und aufgestecktem Bajonnett, und zwar im „starken Schritt." Da das Bajonnett bereits eine Tülle erhalten hatte, so konnten bei dem folgenden Feuer das 1. und 2te Glied dasselbe aufgesteckt behalten, dagegen das 3. und 4. mußten es noch abnehmen. — Nach der Attacke folgte die Formation des Quarrees. Auf das Commando: „Formirt euer Bataillon quarree!" blieben je nach dem Terrain entweder die 2. oder 3. Division stehen, während die andern kehrt machten, und durch Schwenkungen die drei andern Seiten des hohlen Quarrees formirten. Es wurde hier Divisionsweise, oder mit Gliedern, auch mit Rotten chargirt. Das hohle Quarree war eine nothwendige Folge des Bestrebens, möglichst viele Feuergewehre in Thätigkeit zu bringen, während die 4 gleich großen Fronten dem Angriff von verschiedenen Seiten her auch einen gleich starken Widerstand boten. Die Bewegung des Quarrees konnte nach jeder Seite hin ausgeführt werden. Das wieder formirte Bataillon übte zum Schluß noch Abschwenkungen mit Pelotons, und das Rottenfeuer nach dem Commando: „Das

ganze Bataillon chargiret Rottenweise!" Es begann,
von Unteroffizieren kommandirt, gleichzeitig in jedem Peloton;
der erste Mann fiel aufs Knie, die 3 hintersten rückten über, und
diese 4 Mann einer Rotte feuerten zu gleicher Zeit; sie mußten
„langsam kommandirt werden, damit die 1. Rotte wieder geladen, wenn die letzte gefeuert." Wir sehen hiermit in ihrem
Ursprunge alle diejenigen Feuerarten angedeutet, welche sich bis
zur neusten Zeit hin erhalten und ausgebildet haben, so sehr lag
ihr Entstehen in der Natur des Feuergefechtes selbst, indem alle
Variationen desselben einer praktischen Prüfung unterworfen wurden.   Das Rottenfeuer war so lange nicht möglich gewesen, als
die Stellung der Infanterie die Zahl von 4 Gliedern überschritt.

Der Charakter ernster, ruhiger Gravität ist, in Ueberein-
stimmung mit der Neuheit und Wichtigkeit der Sache, diesen taktischen Uebungen eigenthümlich, daher die vielen Commandos für
jeden einzelnen Handgriff, wobei die Langsamkeit noch zur besondern Vorschrift gemacht wird, daher die zahlreichen Wirbel der
Tambours, die als Avertissements nicht der präcisen Wirkung der
Commandos gleichkommen; daher der bedächtige Schritt der Bewegung, und endlich eine Ruhe der Wendung, wie sie unseren
heutigen Vorstellungen gänzlich entschwunden ist.   Sollte z. B.
Kehrt gemacht werden, und es konnte rechts um, wie links um
geschehen, so trat der Mann 1, mit dem rechten Fuß dicht vor
den linken, kehrte sich 2, auf beiden Absätzen links um, und
setzte dann 3, den rechten Fuß wieder neben den linken.

Wie tief oft Ideen der Gegenwart in der Vergangenheit
wurzeln, zeigt sich in dem Versuche des Königs, eine Landwehr
in Preußen zu errichten; er nennt sie „eine beständige wohlerer-
zierte Landmilice", und seine Absicht ist mit ihr eine Volks-
bewaffnung ins Leben zu rufen, als der stärkste Ausdruck für die
militairische Kraft eines Landes.   Schon der große Churfürst
hatte etwas Aehnliches mit den sogenannten Wibranzen beabsich-
tigt.   König Friedrich aber fand sowohl bei dem Adel wie bei
den Städten einen so großen Widerstand, daß er die Ausführung

seines Plans auf die Königlichen Amtsstädte und Amtsdörfer be=
schränken mußte. Hier sollte nun ein Jeder vom 18ten bis 40sten
Jahr zur Landmiliz verpflichtet sein, besonders die Unverheirathe=
ten, mit wöchentlich 2 Stunden Waffenübungen, nur nicht in der
Saat= und Erntezeit. Der eigentliche Dienst sollte 5 Jahre
dauern, und Befreiung vom stehenden Heere zur Folge haben.
Beamte traten in die Offizierstellen. 10 Jahre lang hat diese
Einrichtung in der That bestanden. Allein ihr Mangel lag darin,
daß sie nicht das beabsichtigte Landesinstitut, sondern eine aus=
schließliche Last der Königlichen Aemter geworden war. Auch ließ
man die bürgerlichen Verhältnisse zum Nachtheil des militairischen
Geistes überwiegen, indem die Strafbestimmungen vom Jahre
1705 für diese Landmiliz fast durchgängig nur Geldstrafen fest=
setzten; so z. B. für jede Viertelstunde des Zuspätkommens
6 Pfennige, für Fluchen 6 bis 12 Groschen; für Spott= und
Schimpfreden gegen den Offizier, der im Commando steht, 6 bis
8 Groschen, nur beim Vergreifen an seiner Person empfind=
liche Leibesstrafe; Schlafen auf Posten 4 Groschen, Sitzen
2 Groschen u. s. w.

Der Nachfolger Friedrich Wilhelm I., hatte einen zu prak=
tischen Takt, um ein solches militairisches Institut fortbestehen zu
lassen; er hob es nicht nur auf, sondern wollte auch die Erinne=
rung daran verwischen, indem er den Gebrauch des Namens
strenge verbot.

Blicken wir auf diese lange Periode noch einmal zurück, so
können wir den Hauptinhalt derselben darin kurz aussprechen,
daß die Feuerwaffe durch Verdrängung ihrer Nebenbuhlerin,
der Pike, zur vollkommensten Herrschaft gelangt war; daß mit
diesem Umschwunge die herumschweifenden Söldnerbanden sich zu
wohlorganisirten stehenden Heeren fixirten, und daß endlich der
hierdurch entwickelte Begriff militairischer Einheit auf der Basis
strenger Subordination und Disziplin die Gleichmäßigkeit taktischer
Uebungen hervorrief.

II. Periode.

Die Liniar-Feuer-Taktik von Friedrich Wilhelm I. bis Friedrich Wilhelm III. 1713 bis 1797.

Da das stehende Heer durch die Ausbildnng staatlicher Einheit ausschließlich von der freien Bestimmung des Landesherrn abhängig wurde, so mußte es gleichzeitig der bildsame Stoff werden, welcher nach jeder Richtung hin das Gepräge des Königlichen Willens annahm. Und gerade jetzt ließ die Geschichte in Friedrich Wilhelm I. (1713—1740) einen Monarchen zur Wirksamkeit kommen, der durch seinen strengen Charakter, seine eiserne Ausdauer und durch seine praktische Tüchtigkeit vorzugsweise geeignet war, dem militairischen Geiste der Armee eine neue und tiefere Richtung zu geben. So wie der König im Staate durch strengen Haushalt den Sinn für Ordnung und Unterordnung begründete, so rief er in dem Heere den Sinn für eine unbegrenzte Hingebung hervor, denn er war es, der den Begriff des „Königlichen Dienstes" zur Entwickelung brachte.

Indem Alles was geschah, im Namen des Königs vollzogen wurde, gewann der Dienst eine moralische Bedeutung, die ihn als nothwendig, unverletzlich und unbegrenzt erscheinen ließ. Das Gefühl der Pflicht wurde zur idealen Grundlage des Dienstes, und von diesem höhern Standpunkte aus verloren Subordination

3

und Disciplin die Zwangsbedeutung, welche sie bisher gehabt hatten, wenngleich sie auch die Form des Zwanges nicht entbehren konnten.

Friedrich Wilhelm war Soldat mit ganzer Seele. Er kleidete sich nicht nur als solcher; er lebte, dachte und handelte auch so; er war Hauptmann und Oberst im strengsten Wortverstande; er kommandirte eine Compagnie, ein Regiment; und forderte als Regent wie als General einen Gehorsam ohne Schranken. Daß er den eigenen Sohn nicht schonte, daß er da, wo er Ungehorsam und verletzte Pflicht zu sehen glaubte, selbst die blutigste Catastrophe nicht scheute, zeigt wie tief und wahr ihn sein Prinzip durchdrungen hatte. Ihm zur Seite stand ein Mann, Fürst Leopold von Dessau, der mit Energie, mit Einsicht und Consequenz im Detail des Heeres vollendete, was der König im Großen und Ganzen angeordnet hatte. 1718 erschien ein neues Dienstreglement für die Infanterie, 1726 schon ein zweites umgearbeitet, und mit Vorschriften für die Kavallerie und Artillerie erweitert.

Der große Fortschritt, den dieses Reglement bezeichnet, ist die Anerkennung, daß die Wirkung des Feuers nicht bloß von der Anzahl der Gewehre, sondern auch von der Zeit abhängig ist, d. h. von der Anzahl der Kugeln, die ein Mann in einem bestimmten Zeitraum abfeuert. Mit dieser Erkenntniß war die Umwandlung des langsamen Feuers in ein Schnellfeuer ausgesprochen; es wurde nur möglich, durch die strengste Disciplin, und durch Uebungen, welche die bisherigen Vorstellungen von Gleichmäßigkeit und Ausdauer weit übertrafen. Fürst Leopold wurde in diesem Sinne der große Exerziermeister der Armee. Was er wollte, spricht er kurz und treffend in der Maxime aus: „gut schießen, rasch laden, Unerschrockenheit und muthiger Angriff." Die Ueberlegenheit durch das Schnellschießen sollte so hoch gesteigert werden, daß der Feind gleich beim Eintritt in die Wirkungslinie des Gewehrs niedergehagelt würde. Die Vernichtung des Feindes in möglichst größter Ferne und in Masse ist das richtige Prinzip, welches hierin enthalten ist, und welches bis

hauf den eutigen Tag seine innere Kraft, besonders auf dem Ge=
biet der Artillerie in großartigen Erfindungen bewährt hat. Der
kriegerische Geist nahm hierdurch eine neue, bisher unbekannte
Richtung.

Seitdem nicht mehr Pike und Seitengewehr den muthig ge=
führten Angriff entschieden, seitdem persönliche Kühnheit sich in
der wilden Aufregung des nahen Handgemenges nicht mehr be=
währen konnte, — verlor sich auch nach dieser Seite hin der
Werth des Einzelnen in die ruhige und gleichförmige Ausdauer
des Ganzen. Kalte Verachtung des Todes und Unempfindlichkeit
gegen Gefahr traten an die Stelle der kriegerischen Ungeduld,
welche den Feind Auge in Auge suchte. Hielt nur die Masse im
Feuer Stand, selbst wenn die Glieder immer mehr zusammen=
schwanden, so galt sie als tüchtig, und imponirte durch ihre un=
erschütterliche Festigkeit, wie früher durch den wilden Schlachtruf
und den muthigen Anlauf. Das Spiel der Einbildungskraft, die
moralische Wirkung wurde stärker als der Einfluß des physischen
Verlustes an Todten und Verwundeten. Das Gefecht mit der
blanken Waffe, dem Bajonnett, verflüchtigt sich zu einem bloßen
Schein= und Drohgefecht, dem die Partheien ebenso rasch aus=
weichen, als wie sie das Feuergefecht mit vollkommener Hinge=
bung stundenlang ertragen.

Das Schnellfeuer mußte derjenigen Truppe, die es zuerst
anwendete, ein außerordentliches Uebergewicht geben, physisch durch
die gesteigerten Verluste, mehr noch moralisch durch die Neuheit
und den Schrecken des Eindrucks. Man sann daher darauf, es
durch technische Hülfsmittel zu steigern, und Fürst Leopold erfand
die eisernen Ladestöcke, die der Soldat jetzt nicht mehr wie
die hölzernen Ladestöcke mitten im Laden zerbrochen und dann
wehrlos in der Hand behielt. 1718 führte der König sie in der
ganzen Armee ein. Aber auch das Bajonnett wurde vervoll=
kommnet; es erhielt 1733 mit der Tülle den verlängerten Arm
und die ausgebogene Klinge. Jetzt konnte mit aufgepflanztem
Bajonett geladen werden, und wenn auch Anfangs manche Faust

3*

durchbohrt auf der Spitze sitzen blieb, so wurde doch bald jede Schwierigkeit durch Gewohnheit und Uebung überwunden. Auch der disziplinarische Gebrauch des Stockes wirkte elektrisch auf die Schnelligkeit des Ladens; wir haben ihn schon am Schluß der vorigen Periode thätig und wirksam gesehen.

„Jetzt aber, — sagt ein Kritiker dieses Jahrhunderts, — „bekam der gemeine Mann immer mehr Stockprügel, weil es „zum Dienst gehörte" — „das Exerzieren nahm Ueberhand" — „es wurde fleißiger, stets fleißiger, zuletzt mit Exceß von Sonn= „aufgang bis Sonnenuntergang exerziert, und dabei unmäßig ge= „prügelt." „Das spanische Rohr des preußischen Unteroffiziers „wurde zur vornehmsten Spannfeder der neuen Taktik."

Aber dennoch würde man sich irren, wenn man glauben wollte, daß der Geist, den wir oben geschildert, hierunter gelitten hätte. Er war zu stark, um vor seinem Einfluß nicht die Noth der Ungeschickten oder Widerspenstigen verschwinden zu machen. Das Heer gewann vielmehr in der Siegesgewißheit seiner neuen taktischen Kunst ein Selbstgefühl, ein Selbstvertrauen, welche ein Jahrhundert lang die Grundlage seines Ruhmes ge= worden ist. Alles, selbst das scheinbar unbedeutendste mußte dazu beitragen, den Soldatengeist als solchen, das spezifisch Andere zu den übrigen Ständen des Landes in ihm zu entwickeln. Die un= begrenzte Sorgfalt in der Reinlichkeit der Kleidung; die bunte knappe und enge Tracht; der wunderbare Haarputz, mit Zopf und falschen Locken wohl gepudert; die spitzen Blechmützen, und endlich das ganze starre, steife, abgemessene und stolze Wesen. — Alles rief den Gemeingeist, den Geist der Einheit immer mehr hervor, der in der Person des Königs seine Spitze fand. Wie bedeutend diese Kräfte wirkten, ergiebt sich daraus, daß sie im Stande waren, die verschiedenen Bestandtheile der Armee dennoch zu einem Gusse umzuschmelzen. Zwar hatte Friedrich Wilhelm durch die erweiterte Canton=Einrichtung die Verpflichtung seiner Unterthanen zum Kriegsdienst ausgedehnt; nicht nur die auf den Königlichen Aemtern, sondern auch die Unterthanen des Adels

und die Bürger der Immediat-Städte mußten dienen: die rothe
Militair-Halsbinde machte schon in der Jugend den „Enrollirten"
kenntlich; allein da der Adel, Kapitalisten und auch ganze Städte,
wie Berlin, Potsdam u. a. m. noch frei vom Kriegsdienst blieben, so konnte der Bedarf des Heeres aus dem eigenen Lande
nicht ganz gedeckt werden. „Zur Schonung der eigenen Unterthanen" wurde deshalb seit 1721 die Werbung der Ausländer
förmlich organisirt, und eine heimathlose, wilde, oft gewaltsam
gepreßte Menge machte den dritten Theil des ganzen Heeres aus;
aber Zucht und Ordnung schufen sie doch zu tüchtigen Soldaten
um, die bald mit ihren Riesenleibern Schlachtfelder deckten, auf
welchem der friegerische Genius Preußens sich mit dem Lorbeer
ewigen Ruhmes schmückte. Freilich mußte eine zwanzigjährige
Dienstzeit die Nationalisirung sehr begünstigen. Zwei Decennien
umfaßten die Lebensblüthe des Soldaten; er mußte durch die
Gewohnheit ganz in seinem Stande aufgehen, und die Macht des
Beispiels älterer Soldaten behielt um so größern Spielraum, als
jedes Regiment jährlich nicht mehr wie 30 Mann neuen Ersatz
erhielt. — Beurlaubt wurde nur ein Theil der Inländer, um
dem Landbau und dem Gewerbe möglichst viele Hände noch zu
lassen; doch waren sie jährlich wenigstens 2 Monate lange bei
der Fahne wieder versammelt, und in jährlichen Revüen kontrollirte der König sehr genau den Zustand ihrer Kriegstüch-
tigkeit.

Die speziellen Uebungen des Heeres bestanden vorzugsweise
in den Feuerarten, die wir schon kennen; sie wurden mit einer
solchen Genauigkeit eingeübt, und ungeachtet des schnellen Wech-
sels mit einer solchen Regelmäßigkeit vollzogen, daß die Bataillone
vollendet taktischen Maschinen glichen. Sie gaben hiermit den
Beweis der vollkommensten Aufmerksamkeit, die für nichts, als
für das Kommando Ohr und Auge hat. Das 4. Glied war
zwar noch nicht aufgehoben, allein zum Feuer rückte es immer
in die vordern Glieder ein; erst Friedrich der Große hob es gänzlich auf. So war man denn von 59 Gliedern in konsequenter

Fortentwickelung bis auf 3 Glieder herabgegangen; die Tiefe einer ungegliederten Kolonne hatte sich zur langen dünnen Linie ausgedehnt; die Stoß- und Druckkraft war von der stärkern Feuerkraft beseitigt; aber die in sich gegliederte Linie kannte noch nicht die Fähigkeit, die sie besaß, sich zur Kolonne zusammenzulegen, und die Kolonne wieder zur Linie zu entfalten. Die Vereinigung beider sollte den nächsten höhern Fortschritt der Taktik bilden, aber um ihn zu finden, mußte zuvor ein ganzer Welttheil von umwälzenden Kriegen erschüttert werden. — Mit der Linie hatte die Taktik aus den Schranken des Handwerks die Stufen der Kunst erstiegen. Der einfache Marsch der vielgliedrigen Haufen genügte nicht mehr, die schwankende sich lockernde Linie suchte ein neues Hülfsmittel für ihren innern Zusammenhang, und fand ihn in dem Grundpfeiler der neuen Taktik, in dem Gleichschritt oder Tritt. Diese wichtige Entdeckung ist eine Frucht des spanischen Successionskrieges. Ein Herr von Kalkstein brachte sie aus einem der Feldzüge desselben nach Berlin, und so unglaublich und wunderbar es anfangs schien, die Kunst des Drillens bis zur Höhe des Tritthaltens zu steigern, so lieferte er doch selbst den Beweis der Ausführbarkeit durch Vorführung seiner Compagnie. Von jetzt an gewannen Frontalmärsche eine ganz andere Bedeutung. Hatte man es bisher nur gewagt, auf kurze Strecken vorzurücken, so konnte man nun auch auf größere Entfernungen, ohne Verlust des Zusammenhanges, sich an den Feind heranfeuern. Es wurde das Avanciren in diesem Sinne die Ermuthigung zum Bajonettkampf, wenn er auch nicht mehr in der Weise der Alten zur Ausführung kam. Die gleichzeitig entstehenden Forderungen von Fühlung und Richtung sind eine nothwendige Folge des Gleichschritts. Die Genauigkeit des Frontalmarsches wurde auch auf den Flankenmarsch durch eine unermüdliche Uebung des Alignementsmarsches in Zügen übertragen, der darum für so wichtig galt, weil aus ihm durch Einschwenken die Linie am schnellsten und leichtesten wieder herzustellen war. Auf diesen kleinen Kreis beschränkten sich die taktischen Uebungen, aber die Armee hatte sie mit vollendeter Meisterschaft inne; und 80,000 Mann, welche der König seinem großen Sohne hinterließ, harrten nur auf die Probe ihrer kriegerischen Tüchtigkeit.

Als Friedrich II. der Große (1740—1786) dieses Heer übernahm, erkannte er ungeachtet seiner scharfen Kritik, doch den Geist der Zucht und Ordnung an, der es bis in das innerste Mark belebte. Der weitere Fortschritt der Armee mußte gewonnen werden durch eine geniale Anführung, durch eine größere Beweglichkeit und durch das Bewußtsein, Träger einer großen historischen Idee zu werden; und hier ist es von tiefer Bedeutung, daß die Geschichte in der Person des Königs den ersten Feldherrn des Jahrhunderts in dem Augenblick an die Spitze des Staats stellt, als dieser Staat durch die Entwickelung einer großartigen Thatkraft den Beweis führen soll, er sei durch seine moralische Stärke berechtigt, als neues Mitglied in die Reihe der politischen Großmächte Europa's einzutreten. Deutschland bedurfte in Stelle des alternden deutschen Kaiserstaats ein neues Centrum staatlicher Einheit und Stärke, und das jugendliche Preußen erhielt auf der Basis neuer geistiger Kräfte diese große historische Mission. — Die stärkste militairische Kraftentwicklung war nothwendig, wenn Preußen seine Aufgabe lösen sollte, und in der That steigerte der König die Armee von 80,000 zu 120 bis 140 und endlich zu 190,000 Mann, bei einer Einwohnerzahl von nur 6 Millionen.

„Gleich die erste Schlacht der schlesischen Kriege, die bei Mollwitz (1741, 10. April) bewährte das Uebergewicht der preußischen Infanterie. Sie stand in zwei langen, paralellen Linien, den rechten Flügel ohne Anlehnung. Die feindliche Reiterei warf die preußische durch eine Attacke im Galopp, und umtrabte die Schlachtordnung des Fußvolks von vorne wie von hinten. Aber dieses hing trotz seiner dreigliedrigen Stellung untrennbar zusammen, feuerte die Reiter herunter und dann ihr Fußvolk zu Boden. Die Oestreicher, bestürzt über diese unerhörte Schußfertigkeit, zerbrachen in der Verwirrung ihre hölzernen Ladestöcke und schossen daher um so schlechter. Dann einige hundert Schritte vorwärts und die Schlacht war gewonnen. Die zwei Feldzüge des ersten Krieges zeigten überall denselben Charakter. Die blauen Schaaren standen bei jeder Gelegenheit unerschütterlich, marschirten in großen, so wie in kleinen Abtheilungen überall hin, wo sie wollten, und was ihnen entgegentrat, ward angegriffen und zusammengeschossen. Diese Taktik machte die Erfahrung aller Nationen stutzen."

Wir werden aber bereits die Ueberzeugung gewonnen haben, daß nicht die Feuerfertigkeit allein, daß der Geist der Hingebung und Ausdauer, den wir oben nachwiesen, eine solche Kriegführung möglich machte; allein das volle Verständniß für diese und die folgenden Resultate finden wir doch erst in dem neuen Geiste, den auch Friedrich zu bilden wußte.

Zunächst wurde das Offizier-Corps der Armee unter seinem schöpferischen Einfluß ein ausgezeichnetes: der König selbst nannte es so. — Die Entstehung des modernen Offizierstandes beginnt mit dem 16. Jahrhundert, und entwickelt sich mit der Gründung stehender Heere im Laufe des 17. und 18. Jahrhunderts. Kam es früher nur darauf an, daß der Offizier das Mechanische seines Handwerks verstand, so wurde nun die Forderung höherer Intelligenz an ihn gemacht; nicht in dem Einzelkampfe der Schlacht sollte er seine Geschicklichkeit ferner zeigen, sondern in der besonnenen Führung, und die Feuerwaffe erhob diese Führung zur Kunst. Feste Formen des Dienstverhältnisses begründeten die Anciennität, und vermehrte Rangstufen wurden eine nothwendige Folge der vergrößerten Truppenzahl. Die Offiziere wurden von dem Commandeur des Regiments ernannt. Aber die nahe Beziehung, in welche das Preußische Heer zu seinem Fürsten trat, wurde Veranlassung, daß schon Friedrich Wilhelm I. diesen Gebrauch aufhob, und Ernennung und Anstellung seiner Offiziere selbst verfügte. Ja, noch mehr — „er, der König ging mit den Offizieren bis abwärts zum Hauptmann wie ein Kame-

rab, mit den Subalternen, wie ein Vater um." Es wurde hier
der Grund zu einer Achtung des Standes gelegt, welche charakteristisch in der Entwickelung des militairischen Preußens geblieben ist.

Unter Friedrich dem Großen erhielt der Offizier ein neues
Fundament, nämlich das der Ehre: — seine Denkungsart wie
seine Handlungsweise sollte in gleicher Weise hierauf gegründet
sein; und in der That wurde der Ehrtrieb die Quelle jeder
kriegerischen Tugend und Hingebung. Nicht der äußere Vortheil,
sondern die Ehre allein wurde gesucht, und in dieser Richtung
gewannen Loyalität, Vaterlandsliebe und Cameradschaft eine Bedeutung, die sie von dem Wechsel des Zufalls abhängig machte.
Die Ehre stellte von nun an alle Offiziere gleich, den höheren
wie den niederen, und gegen Einen „manquiren" hieß sie Alle
verletzen. Aber der Mann von Ehre sollte auch ein Mann von
Takt und Erziehung sein, das Gegentheil würde ihn bloßgestellt
oder unglücklich gemacht haben. Eine ehrenvolle Gemeinschaftlichkeit, eine gegenseitige Verpflichtung verband den ältesten Offizier der Armee mit dem jüngsten, und der König selbst repräsentirte den ersten Offizier seiner Armee: — er wurde das Ideal
und Vorbild desselben, wie er später das vollendete Muster eines
alten, preußischen Generals ward. Das war der spezifische Geist
des Offizier-Corps, der Esprit de Corps, den der König wollte
und förderte, weil er für den großen Kampf des jungen Staates
die schöpferische Kraft eines ideellen Lebenselements erkannte. Um
der Ehre willen sein Leben zum Opfer bringen, wurde für jeden
Einzelnen die höhere Weihe seines Lebens, wie seines Todes. —
Eine eigenthümliche Nahrung fand dieser Corpsgeist in der Organisation der Armee. Der König als Oberfeldherr an ihrer
Spitze, mit unumschränkter Gewalt, unmittelbar unter ihm seine
Feldherrn, ohne Zwischenbehörde, dann die Regiments- und Bataillons-Commandeure, unter diesen die Hauptleute, — dies schienen die Abstufungen einer großen Kriegerfamilie zu sein, der
König als Stammfürst, das Heer als ein großer Clan. Und

dazu das innig verschmolzene Verhältniß der Hauptleute mit ihrer Compagnie, deren Väter und Versorger sie bei der Länge der Dienstzeit nothwendig werden mußten; endlich die engverbundenen Theile eines Regiments unter einem Oberhaupt, dessen Name sogar davon unzertrennlich war, wodurch das Regiment den Charakter eines besonderen Familienstammes erhielt. Selbst jede Compagnie trug den Namen ihres Stammhalters. Eine ursprüngliche Pietät bildete hier ein starkes Band der Gemeinschaftlichkeit.

Dieser eigenthümlich militairische Geist fand ferner seine Verbreitung und Fortbildung auch nach den untersten Kreisen der Armee durch das Corps altgedienter tüchtiger Unteroffiziere. Diese braven Veteranen, oft Männer im hohen Alter, machten die Ansichten, die sie in einer langen Dienstzeit erworben, zum Gemeingut eines jeden neuen Ersatzes. Sie waren unermüdlich thätig. Die häufige Revision der Quartiere und ihrer Mannschaft gab ihnen fortwährend Gelegenheit zu Ermahnungen, Belehrungen, Verweisen, wenn auch in rauher Form, so doch verständlich in der Sprache des einfachen Mannes. Sie vermittelten den Willen und die Anforderungen der Offiziere mit dem Begriffsvermögen der Gemeinen. Ihr Dienst war sehr anstrengend, aber dennoch fand man sie immer willig und hingebend. Allein eben die Strenge des Dienstes hatte die heilsame Folge, daß gespannte Wachsamkeit dem Unteroffizier zur andern Natur wurde. Auf der Wache auch nur einen Augenblick zu schlafen, würde er sich zur größten Schande angerechnet haben. Höchstens fand man ihn steif und fest hinter dem Tische sitzen, auf welchem das Wachbuch zu seiner Einsicht aufgeschlagen lag. Wenn dann der Morgen graute, sah man ihn mit derselben Ordnung im Anzuge, Hut oder Blechmütze unverschoben auf derselben Stelle, und von Zopf und Locken auch nicht eine Linie breit den Puder abgewischt; auch war er unaufhörlich bemüht, den Soldaten, besonders dem Neuling, dieselben „Observations" vorzusagen, die nöthige Mannschaft wach zu erhalten, und die Uebrigen zu beobachten. So blieb der Unteroffizier in einer immerwährenden Bewegung, hielt

sich viel vor dem Corps de Garde auf, und hatte er die Thor=
wache, so ließ er des Nachts die Schlüssel selten aus der Hand.
In einer solchen Spannung mußte der Friede für sie eine wahre
Vorbereitung zum Kriege werden; die geschärften Sinne und
die Gewohnheit machten sie im Kriegsdienst ebenso zuverlässig,
und dieser Geist der „Vigilance," der Sicherheit im Dienst, der
Treue und der Ausdauer ging mit reichem Erfolge auf die Sol=
daten über.

Die Disciplin endlich, wie sie der große König wollte,
war mehr als die Erfüllung äußerer Gesetze; sie umfaßte mit
Ernst und Strenge den ganzen inneren Menschen; sie forderte
für das höchste Ziel, für das Interesse des „Königlichen Dien=
stes" die Anstrengung aller Willenskräfte. Aber freilich nur die
lange Dienstzeit konnte auch hier die Forderung zur anderen Na=
tur des Soldaten machen. Subordination und Disciplin mußten
bei dem gemeinen Soldaten die Stelle des Ehrbegriffs vertreten.
Man schärfte ihm unablässig ein, seine Pflichten seien unverletz=
lich, die Kriegsartikel heilig, ehrwürdig die durch das Herkommen
überlieferten Begriffe. Der König selbst war es, der den Satz
aufstellte, es müsse sich der Soldat mehr vor seinen Offizieren,
als vor den feindlichen Kugeln fürchten; und an einer andern
Stelle sagt er: „Ist der Soldat in Friedenszeiten nicht gewöhnt,
„jeden Befehl unbedingt auf der Stelle auszuführen, so wird er
„im Felde in kritischen Augenblicken denselben gar nicht achten.
„Strenge Subordination ist also deswegen bei jeder Gelegenheit
„nöthig, um den Geist an dieselbe zu gewöhnen, damit der Re=
„krut nicht anders weiß, als daß dieselbe von dem Soldatenstande
„ganz unzertrennlich ist." — Und in der That wurde es bei dem
preußischen Soldaten dahin gebracht, daß die Subordination „um
des Dienstes willen" keine Grenzen kannte. Denn man hat ge=
sehen, daß höhere Offiziere von ihren Truppen dieselbe Präziston
vor dem Feinde, dieselbe angestrengte Aufmerksamkeit und den=
selben Appell verlangten wie auf dem Exercier=Platz. So z. B.
als ein Regiment das Dorf Kleinburg bei Breslau (während der

Schlacht 1757 im November) wegnehmen sollte, und deshalb dagegen avancirte, während es aus dem Dorfe beschossen wurde.
Der Commandeur Oberst von Klitzing ließ mit Bataillons im
Avanciren chargiren; weil aber die Leute schlecht anschlugen, ließ
er mehrere Male absetzen, bis endlich das Anschlagen gut und
vorschriftsmäßig gerieth, ohne daß die mindeste Unordnung entstanden wäre, oder gar ein Mann vorgeschossen hätte. Dies be-
weist, wie sehr ein Commandeur sein Regiment in seiner Gewalt
hatte, und durch seine Stimme allein alle Betrachtungen in
seinen Soldaten zum Stillschweigen bringen konnte. Solche Truppen behielten auch im Unglück eine große „Contenance," und
konnten schnell wieder gesammelt und in Ordnung gebracht werden. Das zeigten sie auf bewundernswürdige Weise bei Hoch-
kirch und ebenso bei Kunersdorf, wo allein 2 Grenadiere, welche
als Schildwachen an der Schiffbrücke von Reitwein ausgesetzt
waren, genügten, um die fliehende Menge aufzuhalten und zu
formiren. Eine solche Armee ist von dem wahren Kriegsgeiste
beseelt.

Dieses Resultat könnte um so wunderbarer scheinen, da unter Friedrich dem Großen die Hälfte des Heeres aus geworbenen
Ausländern bestand; allein die Kraft geistiger Elemente, wie wir
sie geschildert haben, mußte bei ihnen wie bei den Inländern zur
Wirksamkeit kommen. Ueberdies waren schon zu Ende des Feldzuges von 1757 — $^9/_{10}$ der geworbenen Ausländer todt oder
zum Theil desertirt, und so wurde der glänzendste Krieg fast nur
mit Inländern geführt, ergänzt aus Bürgern, Handwerkern, Land-
leuten mit Besitz: nie ist die Armee moralisch besser gewesen,
wenn sie auch mit kürzerer Vorbereitung den Krieg erst im Kriege
erlernen mußte. — Der stets neu erwachende Muth des Königs
nach einer Niederlage wurde der elektrische Funke für den neuen
kriegerischen Aufschwung der Armee. — Es war eine Einheit an
Haupt und Gliedern, welche in überströmender Fülle die geistigen
Kräfte entwickelte, durch welche Preußen siegreich und ruhmbe-
kränzt seine große historische Aufgabe löste.

Wir wissen jetzt, welches die Lehrkräfte waren, die den speciellen taktischen Uebungen erst den höhern Werth zu geben
vermochten.

Bei einer jährlichen Ergänzung von höchstens 4 bis 6 Mann
pro Compagnie, mußte die Ausbildung des Soldaten eine Gründ-
lichkeit erhalten, welche vorzugsweise auf Ausarbeitung im Einzelnen gerichtet war. Der Rekrut wurde deshalb 6 Monate lang
exerciert, ohne in dieser Zeit zu einer andern Dienstleistung gebraucht zu werden. Man gewann dadurch die Gewißheit, daß
er völlig ausgebildet und nun leicht darin zu erhalten war. Das
Reglement, welches der König 1743 für alle Waffen erließ, stellte
als Haupterforderniß die größte Regelmäßigkeit in allen Bewegungen und die größte Schnelligkeit des Feuers auf.

Zur Chargirung durften die Bajonette nicht mehr abge-
nommen werden. Ungeachtet das Zündpulver noch aufgeschüttet
und der Ladestock noch umgedreht werden mußte, hatte man es
doch in einer Minute zu 4 bis 5 Schuß gebracht. Als 1774
Prinz Friedrich von Braunschweig die cylinderförmigen
Ladestöcke erfand, die man nicht mehr umzudrehen brauchte,
verlangte man in einer Minute 5 Schuß und die 6. Kugel in
den Lauf gebracht und das Gewehr geschultert. Mit Erfindung
der trichterförmigen Zündlöcher (seit 1781 durch Lieute-
nant Freitag), wodurch das Aufschütten auf die Pfanne wegfiel,
entstand das regelmäßige Minutenfeuer, bei welchem 6mal ge-
schossen und das 7. Mal geladen werden mußte.

Mit der Secunden-Uhr in der Hand kontrollirte der König
dieses Feuer. Möglich war diese ungeheure Schnelligkeit, wie
sich die Taktiker dieser Epoche ausdrücken, durch die „schöne und
schnelle Arbeit mit dem Ladestock," welcher ohne Ladestockfeder
viel leichter gezogen und an Ort gebracht werden konnte. Aber
dennoch bleibt sie um so wunderbarer, da die Waffe 11 Pfund
23 Loth wog, und das 1. Glied, welches noch immer auf das
rechte Knie niederfiel, nach jedem Schuß zum Laden wieder aufstehen mußte. Schon nach 2 Minuten war das Gewehr so glü-

hend heiß, daß es ohne die eingeführten Brandriemen gar nicht zu halten war. Natürlich konnte hier von einem Zielen gar nicht die Rede sein, und man forderte es auch um so weniger, da das Ziel= oder Scheibenschießen kein Gegenstand militairischer Ausbildung war. Man hat diesen Mangel von dem heutigen Standpunkte der Dressur aus mit scharfem Tadel herausgehoben, obschon mit Unrecht! Denn da das Feuergefecht damals nur von geschlossenen gegen geschlossene Massen ausgeführt wurde, unter fortwährender Verringerung der Distancen, so mußte bei der Breite des Ziels und der Wahrscheinlichkeit des Treffens es genügen, wenn nur der Soldat, wie es geschah, gewöhnt war, nicht zu hoch, sondern auf die ungefähre Hälfte des Mannes anzuschlagen. Der Pulverdampf, der sich überdies gleich nach den ersten Schüssen vor der Front lagerte, machte auch das Zielen gaz unmöglich, und so war es doppelt richtig, daß man von dem Grundsatz ausging, die Anzahl der Kugeln in der möglichst kürzesten Zeit müsse den Sieg des Feuergefechts entscheiden. Der Erfolg auf dem Schlachtfelde rechtfertigte diese Ansicht, und konnte erst dann verloren gehen, als mit dem Schützengefecht ganz neue Gefechtsverhältnisse sich entwickelten, und die Dressur nun auch eine ganz andere Richtung nahm.

Unter den Feuer=Arten behauptete das Pelotonfeuer noch immer seinen ersten Platz, nur war die Zahl der Pelotons bereits verringert auf 8 bei den 4 Compagnien starken Grenadierbataillons und auf 10 bei den 5 Compagnien starken Musketier= und Füsilierbataillons, seit 1779; sonst formirten sich auch hier die Bataillons zu 4 Divisionen und 8 Pelotons. In der Mitte war ein Fahnenzug abgetheilt, 3 Rotten rechts und links von den 5 Fahnen; dieser Zug schoß nicht mit, weil der Bataillons=Commandeur zu Fuß vor demselben hielt. Die zugführenden Offiziere traten vom rechten Flügel 3 Schritte vor und commandirten das Feuer; vor Brust und Rücken flogen die Kugeln zollweit an ihnen vorüber. Das Feuer rollte mit anhaltender Schnelligkeit immer vom rechten zum linken Flügel; erst schoß das erste Peloton, dann

das 3. und so alle von ungrader Zahl; nach dem 7. folgte das
2. und so fort die von grader Zahl. Dies Feuer nahm die
ganze Aufmerksamkeit der Offiziere und Soldaten in Anspruch,
und wurde in seinem regelmäßigen Verlauf so lange wie möglich
festgehalten. Freilich trat in den letzten Stadien des Gefechts
immer ein Moment ein, wo große Verluste und das Fallen der
Offiziere die innere Ordnung auf beiden Seiten gelöst hatten;
dann war man gezwungen, die Truppen bis zur Entscheidung
durch das Bajonett oder durch Cavallerie sich selbst zu überlassen;
ein Jeder schoß nun regellos so oft er wollte und konnte. Dies
war das Bataillen-Feuer. Allein es wurde nicht vorschriftsmäßig; die alten Generale sahen es immer als ein Uebel, als
einen Makel an, den man gern mit Stillschweigen überging.
Nur in der Schlacht bei Mollwitz dauerte das Pelotonfeuer mit
gleicher Regelmäßigkeit von Anfang bis zu Ende.

Nächst dem war nur noch die Bataillonssalve reglementsmäßig. Da sie von allen 3 Gliedern gegeben wurde, so
war sie sehr imposant und sehr wirksam. Man forderte, daß sie
rund ausfalle, nicht als ein Gepraffel, wie wenn ein Fuder
Steine umstürze, und so rund und kurz gegeben, war sie ein
Zeichen von Aufmerksamkeit auf das Commando, von Appel im
Angesicht des Feindes, von vollkommener Dressur, Kaltblütigkeit
und Contenance, und mußte dadurch doppelt, physisch und moralisch, wirken. — Zum Feuer im Avanciren verkürzte man den
Schritt, von der Ferse bis zum Ballen; nur zur Salve trat das
Bataillon oder Peloton 3 volle Schritte vorwärts und richtete
sich dann wieder mit dem Fahnenzuge. Der gewöhnliche Schritt
war 76 in der Minute, mit steifem Knie, — es war ein be-
dächtiger Stolzierschritt. — Dem Feuer folgte die Bajonett-
Attacke in der Linie. Zum Fällen ließen das 1. und 2. Glied
das Gewehr in die Biegung des linken Armes sinken, die rechte
Hand faßte den Kolbenhals, das 2. Glied secundirte durch die
Lücken des 1. Gliedes. Der König sagt hierüber im Reglement
von 1743:

„Jeder Offizier, Unteroffizier und Gemeiner muß sich die
„feste Impression machen, daß es in der Action auf weiter nichts
„ankomme, als wie den Feind zu zwingen, von dem Platz, wo
„er stehet zu weichen; deshalb die ganze Gewinnung der Bataille
„darauf ankommt, daß man nicht sonder Ordre stille steht,
„sondern ordentlich und geschlossen gegen den Feind avancirt und
„chargiret; und weilen die Stärke der Leute und die gute Ord-
„nung die preußische Infanterie unüberwindlich macht, so muß
„den Leuten wohl imprimiret werden, daß, wenn der Feind wider
„alles Vermuthen stehen bleiben sollte, ihr sicherster und gewisse-
„ster Vortheil wäre, mit gefällten Bajonetts in selbigen her-
„einzudrängen, alsdann der König davor repondiret, daß
„Keiner wieder stechen wird." Dies Königliche Wort gilt auch
noch heute, aber der Bajonettkampf bleibt darum ungeachtet doch
nur ein Drohgefecht und wird als solches durch die Gewißheit,
daß Keiner wieder stechen würde, auch bestimmt bezeichnet. Selbst
die neueste Kriegsgeschichte zeigt uns nur wenige Ausnahmen
(Katzbach, Hagelsberg) von dieser Regel.

Der König sah in dem Angriff die Stärke seiner Truppen,
weshalb das Avanciren eine Hauptübung wurde. Der langsame
Schritt begünstigte die Ordnung, Ruhe und das Geschlossensein;
dennoch ist es gewiß nur außerordentlich zu nennen, wenn bei
Revüen 21 und mehr Bataillons in einer Linie mehrere tausend
Schritte weit avancirten, ohne die gute Richtung zu verlieren.
Wie störend auf dem Schlachtfelde die Artillerie, das Feuer überhaupt und Hindernisse im Terrain hierauf einwirken mußten, so
hatten die Truppen jedoch gründlich gelernt, im Zusammenhange zu bleiben, und hierauf kam es bei der Linie vorzugsweise an. So wie eine eherne Mauer gegen den Feind geführt,
mit überlegenem Feuer und vollendetem Appell, mußte die Infanterie unüberwindlich werden. — Die Elementar-Taktik als Kunst
der Stellung, Entwickelung und Bewegung der Truppen auf
dem Schlachtfelde fand ihre talentvollen Bildner in den preußischen Generalen v. Saldern und v. Gaudy; namentlich war es

v. Saldern, der reich an Ideen und unerschöpflichen Hülfsmitteln
war. In seinem Werke: „Taktische Grundsätze und Anweisung
zu militairischen Evolutionen — Dresden 1786" — entwickelte
er die einfachen Prinzipien, welche noch heute für die Bewegung
geschlossener Massen ihre Gültigkeit haben. Nächst den Frontal=
märschen nahm die Entfaltung der Marschcolonne zur
Schlachtlinie die besondere Aufmerksamkeit der Taktiker in An=
spruch, und wurde die Veranlassung zur Erfindung der neuen
Methoden des Deployirens und Eventairirens. — Man näherte
sich dem Feinde in geöffneter Zugcolonne, Treffen= oder Flügel=
weise abmarschirt. Unter Friedrich Wilhelm I. sahen wir die Linie
nur durch den Alignementsmarsch hergestellt; auch Friedrich
der Große hat ihn in seinen Schlachten vorzugsweise benutzt,
und ihn deshalb auf den Exerzierplätzen unaufhörlich bis zur
vollendetsten Präzision des Marsches und der Distancen üben
lassen; auf weitere Strecken ausgeführt, wurde dieser Marsch der
Beweis einer vollkommenen Dressur, und hierauf konnte der Kö=
nig seine Disposition zur Einleitung der Schlacht gründen. Er
griff nämlich in der Regel die Front der feindlichen Stellung
nicht an, sondern nachdem dieselbe recognoszirt und der schwächste
Flügel erkannt war, wandte er sich gegen eine der Flanken oder
umkreiste den Feind. Es geschah dies durch den Alignements=
marsch in Zügen. Da er beständig mit moralischem Uebergewicht
der Angreifende war, und seinen Gegnern der Begriff activer
Vertheidigung durch Ausfälle noch fehlte, so konnte er es immer=
hin wagen, einen solchen Flanenmarsch unter den Augen des
Feindes an seiner Front vorüber zu vollführen; durch Einschwen=
ken der Züge stellte er dann leicht und sicher die Linie wieder
her und umklammerte den feindlichen Flügel mit überlegener Ge=
walt. Die Schlacht bei Leuthen ist eins der schönsten Beispiele
in diesem Sinn. — Das Deployiren fand nur da statt, wo
das Terrain dazu nöthigte (Lowositz u. a.) und geschah nicht in
Zügen, sondern in Divisionen, zu welchen sich die Züge zuvor

4

formirten. Der Aufmarsch in Zügen (en **Eventail**) gehörte nur den Uebungsplätzen an; ebenso der Adjutanten = Auf = marsch, bei welchem die Bataillons = Adjutanten durch Ab = reiten die linken Flügel der Stellungen markirten, die Teten sich dorthin dirigirten, dann die Züge einzeln rechts schwenkten, und die Teten bis zu dem Adjutanten des nächsten Bataillons auf der neuen Grundlinie fortmarschirten; hierauf halt, und Formi = rung der Linie durch Linkseinschwenken aller Züge. — Alle diese Märsche wurden schneller mit 108 Schritt in der Minute aus = geführt; das Gewehr aber blieb unverändert senkrecht an der linken Schulter, die Kolbe auf, nicht neben der Hüfte.

Der Feldbienst spielte noch eine untergeordnete Rolle; er war nur auf die nothwendigsten Sicherheitsmaaßregeln gerichtet, wie solche in den einfachsten Formen in keiner Periode zu ent = behren waren; aber auch hierin wurde der König, wie in jeder andern Richtung, der Lehrmeister seiner Armee. Was ihr in dem ersten und zweiten schlesischen Kriege noch gemangelt, suchte er in der Muße bis zum dritten Kriege einzuführen. Er errichtete Uebungs = Lager bei Spandau, wo er selbst sich damit beschäftigte, Feldwachen, Patrouillen, Pikets auszuschicken, und mehr Leb = haftigkeit in diesen Dienst zu bringen. Seine Instructionen an die Generäle zeigen ihn schon als vollendeten Meister in der Kriegskunst. Nachträge zu dem Reglement erschienen 1748, 57 und 79.

Am bedeutendsten jedoch ist Friedrich der Große in der Kunst, deren Schöpfer er ganz allein ist, nämlich in der Ma = növrirkunst. Auf den Ebenen Potsdams wurde alljährlich bei den Herbstrevüen mit großen Truppenmassen das Spiel der Schlachten wiederholt. Der König commandirte selbst mit leb = haftem Interesse an der Sache; ihm gegenüber führte der Gou = verneur von Berlin. Sein großer Zweck war, den todten Me = chanismus der Truppenführung durch Ideen, dem Kriege selbst entnommen, zu vergeistigen; es war der fortgesetzte Unterricht an seine Generäle. Hier war es, wo seine berühmte schiefe Schlacht-Ordnung das enträhselte Geheimniß seiner Siege schien. Die fremden Zuschauer, Franzosen, Sachsen, Engländer, Sardinier und zuletzt auch Oestreicher, glaubten, ihm mit der Kenntniß seiner Echelons, die immer und immer wiederkehrten, den innersten Kern militairischer Weisheit entrückt zu haben, allein sie hatten hiermit nur einen leeren Mechanismus. Die Größe Friedrichs in der Handhabung dieser Form lag vielmehr darin, daß er den schwächsten Flügel zu erkennen wußte, ihn tournirte, einen Flügel als Reserve refüsirte und so echellonirt im schiefen Angriff seine Siege fand. Ohne diesen Blick des Feldherrn, ohne sichere Führung und ohne die Dressur und Disciplin, wie er sie forderte, blieb diese Form en Echelon so unwirksam wie jede andere.

Sein Nachfolger Friedrich Wilhelm II. (1786 bis 1797) gab 1788 ein neues Reglement, dessen Grundzüge jedoch von der Taktik seines großen Vorgängers nicht abwichen, vielmehr vollendete er nur dessen Entwürfe für die Schöpfung einer leichten Infanterie durch Büchsenschützen und Füsilier-Brigaden; allein die Art des besondern Gebrauchs war doch noch nicht klar geworden. — Die Mission des taktischen Fortschritts in dieser Beziehung sollte einer andern Nation zufallen. — —

Fassen wir auch den Inhalt dieser Periode noch 'einmal kurz zusammen, so erkennen wir, daß die Entwickelung des Feuergefechts durch die Lineartaktik das Höchste erreicht, was sie überhaupt in der geschlossenen Ordnung zu erreichen vermochte. So wie nur der Ernst und die Ausdauer des Norddeutschen einer solchen taktischen Ausbildung fähig war, so gehörte auch der seit anderthalb Jahrhunderten gepflegte militairische Zuschnitt Preußens dazu, die Zucht und strenge Ordnung eines jugendkräftigen Volkes; denn alle Nachahmungen blieben weit hinter diesem Vorbilde zurück.

Aber der Fortschritt geht unaufhaltsam weiter. Mit der

4*

Vollendung nach einer Seite hin, mußte nach einer andern einem neuen Geiste Raum gegeben werden. Eine revolutionaire Taktik durchbrach die Schranken älterer Formen, aber nur, um sich mit ihnen zu der Einheit einer höheren Bildungsstufe auszugleichen. Mögen auch Formen immerhin zu Grunde gehen, wenn nur der kriegerische Geist wie ein Phönix neu geboren aus der Asche steigt!

III. Periode.

Die Colonnen-Taktik und das zerstreute Gefecht — von Friedrich Wilhelm III. bis jetzt.

In der Entwickelung der taktischen Uebungen der preußischen Infanterie deuteten wir durch die Darstellung der 1. und 2. Periode auf einen Zusammenhang hin, der nicht bloß die Uebungen als äußere Formbewegungen umfaßte, sondern der sich auch auf die Subordination und Disciplin, auf den kriegerischen Geist des Heeres, auf den Character der Fürsten, und selbst auf die eigenthümliche Physiognomie der Nation und der Zeit erstreckte. Durch diesen Reichthum mitwirkender Ursachen wurde es uns klar, daß wie in der Geschichte überhaupt, so auch in der Gestaltung des militairischen Lebens keine Seite desselben eine vereinzelte und zufällige Stellung einnimmt; daß eine jede vielmehr das Produkt zahlreicher Kräfte und Bedingungen ist, deren Erkenntniß allein uns das großartige Gesetz eines nie ruhenden Fortschritts verstehen und auffinden läßt. Indem wir durchdrungen von dieser Wahrheit, den Blick rückwärts wendeten in eine Vergangenheit, die uns theuer ist, weil sie mit tausend Fäden stolzer Erinnerung an unser gegenwärtiges Bewußtsein sich kettet, sahen wir in ihr nicht Trümmer und Ruinen untergegangener Geschlechter, sondern die erhabenen

Denkmale des kriegerischen Genius, welche Preußen durch die Kämpfe der Zeit bis hierher geführt hat. Die Stärke des jugendlichen Staates lag in der Armee, aber nicht allein in den materiellen Kräften derselben, sondern auch in den höhern geistigen Elementen, welche Heer und Volk auf gleiche Weise belebten, und welche sich als Zucht und Ordnung, als Hingebung und Ausdauer, als unermüdliches geistiges Streben bewährten.

Mit diesen Kräften gerüstet sah Preußen das 18. Jahrhundert zu seinem erschütternden Abschluß eilen. Im Westen Europas rang ein neues Leben; sich in convulsivischen Zuckungen blutige Bahn zu brechen; und Umwälzungen wie sie bis hierher unerhört in den Annalen der Geschichte gewesen waren, schienen den Gewinn von Jahrhunderten an die diktatorische Entscheidung weniger Jahre verfallen zu lassen. Eine solche Entwicklung stand im tiefsten Widerspruch mit dem innersten Lebensprincip des preußischen Staates, mit dem Princip normaler organischer Fortbildung, welche wir auf militairischem Gebiete von Stufe zu Stufe nachgewiesen haben. Es widersprach dem Character und der bewußten Bildungsfähigkeit eines jugendkräftigen Volkes durch einen revolutionären Bruch alle großen Erinnerungen aus dem Gedächtniß seiner lebenden Generationen auszulöschen, eine ruhmvolle Vergangenheit bis zur Verachtung von sich zu stoßen, und die Arbeit unzähliger Geschlechter vor dem Richterstuhle der Gegenwart als nichtig zu verdammen. Eine tief begründete Pietät fesselte das preußische Volk an seine Geschichte, fesselte es mehr als je mit Selbstvertrauen an seine jüngste Vergangenheit, und ein edler Monarch mußte sich mit gleicher Zuversicht dem Geiste seines größten Königlichen Verfahren näher gestellt fühlen.

In dieser engen Verbindung zwischen Gegenwart und Vergangenheit liegt der Schlüssel zu der nächsten verhängnißvollen Zukunft. Die Armee, wie sie Friedrich der Große gewollt und gebildet hatte, stand noch umstrahlt von der Glorie des Ruhmes da; noch war sie in dem Besitze der Kunst, welche eine dreihundertjährige Entwicklung des Feuergefechts bis zur höchsten Vollen-

bung in der geschlossenen Ordnung geführt hatte. Das Ver=
trauen zu der siegreichen Ueberlegenheit des Schnellfeuers, zu
der taktischen Durchbildung der langen Linien war noch uner=
schüttert. Die Armee war sich ihrer Virtuosität auf dem Gebiete
elementarer Taktik bewußt! — Und dennoch war sie nicht stark
genug, die Catastrophe eines unglücklichen Feldzuges von dem va=
terländischen Boden fern zu halten. Ein tragisches Geschick stürzte
Preußen von der Höhe des Ruhmes halb zertrümmert zu den
Füßen eines glücklichen Welteroberers!

Fragen wir, wie ein so unseliger, unerwarteter Ausgang
großer Kräfte möglich wurde, so werden wir die Antwort nicht
in einer zufälligen Verkettung unbedeutender Umstände suchen
dürfen. Große Wirkungen setzen große Ursachen voraus, und
sie in der unwiderstehlichen Gewalt eines neuen und höhern
Princips erkennen, heißt auch den Fall eines Volkes adeln, wenn
dieses Volk sich von dem neuen Geiste zur verdoppelten·Spann=
kraft, zum verstärkten Rückschlage und so zu einem glänzenden
und höheren Aufschwunge durchdringen läßt. Und in der That
war dieses Princip ein welthistorisches; von einer Revolution
geboren, wurde es das Eigenthum aller europäischen Nationen
und ihrer Armeen; es belebte den kriegerischen Geist zu einer
Gluth der Energie, die ihn würdig machte den Riesenkämpfen
einer gewaltigen Zeit! —

Dieses Prinzip ist in der ganzen Tiefe des Wortes: „Die
freiste Beweglichkeit.“ — So wie innerhalb des Staates,
auf der nach langen Kämpfen errungenen Basis der Einheit,
sich die Selbstständigkeit seiner Glieder wieder in einem höhern
Sinne entwickeln sollte, so sollte auch auf militairischem Gebiete
das Bewußtsein eigener Kraft aus der Alles umschließenden
Gleichförmigkeit geweckt, und zur freisten Bethätigung, zur freisten
Beweglichkeit in neue Bahnen geleitet werden. In der Linear=
Taktik fand sich für eine solche Bethätigung kein Spielraum;
denn in ihr war der eigene Wille des Soldaten durch die au=
ßerordentlichsten Steigerungen der Subordination und Disciplin

zu dem gleichmäßigen Guß einer taktischen Maschine erhärtet
worden, welche ihm zwar die ausdauernde Kraft des Stahls,
aber noch nicht seine elastische Biegsamkeit gegeben hatte. Die
Linie als Repräsentant taktischer Festigkeit hielt die selbstbewußte
Gewandtheit des Soldaten gebunden; nur dem Impulse des
unmittelbaren Commandos folgend, fand er keine Veranlassung
die Fähigkeit des eigenen Urtheils zu entwickeln, und in persönlicher Entschlossenheit geltend zu machen. Es schlummerten in
der Linie latente Kräfte, vergrabene Schätze, ein unermeßlicher
Reichthum des kriegerischen Geistes! Aber diese Kräfte sollten
frei werden; nicht durch Vernichtung einer taktischen Form, welche
mit historischer Berechtigung und Bewährung den innern Halt
und Kern der gesammten Feuertaktik bildete, sondern durch momentane Zerstreuung der Linie in ihre einzelnen Glieder.
Dadurch wurde die geistige und körperliche Starrheit der Linie
zur ersten Beweglichkeit gelöst; das Bewußtsein individuellen
Werthes gewann einen neuen Spielraum; die Intelligenz der
Führer sah sich plötzlich durch die beweglich gewordene Intelligenz
des ganzen Heeres unterstützt; und eine tausendfache Mitwirkung
neuer Kräfte steigerte die kriegerischen Erfolge zu einer nie ge-
ahnten Größe.

Dieses neue Prinzip mußte überall, wo es gegen ältere
Formen in die Schranken trat, nothwendig das siegreiche sein;
aber seine Erkenntniß war nicht auf dem Wege einfacher Re-
flexionen zu finden, sondern es konnte für Frankreich nur das
Produkt einer Revolution, für Preußen nur das einer Catastrophe sein. Eine Revolution, welche jede historische Ueberlieferung verwarf, welche mit dämonischem Geiste alle Schranken
durchbrach, mußte auch die zügellose Entfesselung aller individuellen
Kräfte proclamiren; die einmal zerstörte Ordnung schuf auch militairisch nur wilde, sich selbst überlassene Haufen, die aber entblößt von allen Hülfsmitteln taktischer Kunst, mit eiserner Nothwendigkeit auf sich allein, auf die selbstwillige Bethätigung eigener
Kräfte gewiesen waren; und mit der Ursprünglichkeit des kriege-

rischen Instinkts finden diese rohen Horden in der scheinbaren
Formlosigkeit eine neue und siegreiche taktische Form. Allein
ob in dieser ercentrischen Richtung einer Naturgewalt auch gegen
das vollendetste Muster taktischer Kunst, gegen das von Friedrich
dem Großen gebildete preußische Heer, wirklich ein Uebergewicht
liege, das konnte weder durch die Erfahrung anderer Nationen,
noch durch eine militairische Kritik bis zur Evidenz erwiesen werden; es konnte nur dort entschieden werden, wo in letzter Instanz
alle politisch-militairische Fragen gelöst werden, wo jeder neue
Prozeß in dem Leben der Völker gerichtet wird: — das ist
auf dem Schlachtfelde — und hier ging das Spiel für Preußen
verloren. —

Gewiß, ohne die Voraussetzung eines höhern Prinzips,
welches wie oben in geistiger und körperlicher Beziehung als die
freiste Beweglichkeit bezeichneten, würde die Ueberlegenheit einer
entfesselten Taktik über die Taktik als Kunst ein nicht zu lösender
Widerspruch bleiben. Denn die ersten französischen Heere der
Revolution boten ein merkwürdiges Bild militairischer Formlosigkeit dar. Von dem gebieterischen Gesetz der Nothwendigkeit
plötzlich zusammengeführt, ohne innere Organisation und Disziplin, mangelhaft bewaffnet, ohne Geduld, Ausdauer und Zeit sich
geregelte taktische Formen anzueignen, drängten sie sich zur Schlacht,
in dem Bedürfniß des nahen gegenseitigen Schutzes und Beistan-
des, in tiefe ungegliederte Haufen zusammen. Indem sie
so, ohne Fähigkeit zum Kampf auf der Stelle, zum Angriff rückten, empfing nur die Tete den unmittelbaren Eindruck der Größe
der Gefahr, sie wurde mechanisch vorgeschoben, und unter ihrem
Schutze drängten die Mitte und Queue um so muthiger vorwärts.
Wenn aber Geschütz- und Gewehrfeuer die Massen dennoch zum
Stehen brachte, wenn die Tete das Feuer erwiederte, dann stürz-
ten zuerst die Muthigeren vor, um auf den Flügeln von ihrer
Waffe Gebrauch zu machen; die Macht des Beispiels, die in-
stinctartige Neigung zur Mitwirkung rief immer Mehrere aus
der Tiefe des Schlachthaufens hervor; sie breiteten sich willkühr-

lich, selbstständig in der Richtung der Tete zum Einzelgefechte aus, und die geschlossene Masse hatte sich ohne höheres Urtheil und ohne tieferen Zweck, nur dem Impulse des Augenblicks folgend, zur langen zerstreuten Linie aufgelöst. Das ist der Ursprung der modernen Angriffs-Colonne und des zerstreuten Gefechts der Tirailleurs. So wie die dünne dreigliederige Linie an jeder Stelle von der Kolonne, wenn einmal berührt, auch unfehlbar durchbrochen werden mußte, so konnte auch das heftigste Schnellfeuer der Linie dem Feuer der sie umkreisenden, zahlreichen Schwärme sich überall deckender Tirailleurs nicht das Gleichgewicht halten; das stärkste Linienfeuer löste sich zu wirkungslosen Fehlschüssen auf, und ein breites, unfehlbares Ziel sank die geschlossene Linie vor der mörderischen Wirkung eines scheinbar so schwachen Einzelfeuers zusammen. Es gab nur eine Waffe, welche die kriegsgemäße Berechtigung einer so eigenthümlich neuen Fechtart hätte in Zweifel stellen können, das war die Kavallerie; allein da diese vermöge ihrer beschränkenden Verbindung von Roß und Reuter immer auf die Gefechtsfelder weiter und flacher Ebenen angewiesen war, und man diese jetzt mied, wie man sie früher mit Sorgfalt gesucht hatte, so mußte die Kavallerie in durchschnittenen und bedeckten Terrains ein müßiger Zuschauer der neuen Kampfweise bleiben; und wo sie den flüchtigen und zufälligen Moment erhaschend eingreifen wollte, da stieß sich auf volle, tiefe Massen, deren bloß mechanischer Widerstand sie fast unüberwindlich machte. Es ist gewiß, daß nur auf den Schlachtfeldern der Liniar-Taktik die Kavallerie ihre glänzendsten Triumphe feiern konnte; ihre großen Thaten des 18. Jahrhunderts hat das 19. nicht wieder erstehen sehen, aber nicht ein entschwundener Geist ritterlicher Kühnheit, nicht der Mangel entschlossener Führer, sondern der Geist der neuen Kriegskunst hat die Kavallerie gefesselt, wie er die Bande der Infanterie sprengte, und diese zu dem Range der ersten und wichtigsten Waffe der Neuzeit erhob.

Als die preußische Armee mit den Heeren Frankreichs zu-

ſammentraf, waren dieſe freilich nicht mehr die ungeregelten
Horden der erſten Revolutionsepoche. Kriegsgewohnheit, Kriegs=
erfahrung, und die ordnende Hand eines genialen Feldherrn
hatten ihnen feſtere Formen gegeben; allein ihre Kampfmethode
war unverändert dieſelbe geblieben; ſie hatte ſich in zahlreichen
Schlachten zur Siegesgewißheit geſteigert, und beſtand an den
Ufern der Saale ihre letzte und entſcheidende Probe. — Von
dieſem Augenblick an, ſchloß für Preußen das 18. Jahrhundert
ab, und mit der Energie und Entſchloſſenheit eines Staates, der,
wenn auch zu Boden geworfen, ſich doch der Unzerſtörbarkeit
ſeiner innerſten Lebenskräfte bewußt iſt, wurde dem neuen Geiſte
ein freier Raum gegeben. In raſcher Entwickelung folgte Um=
wandlung auf Umwandlung; mit männlichem Selbſtvertrauen er=
ſtarkte der neue Geiſt, ſelbſt unter dem Drucke eines übermüthi=
gen Gegners, zur unermeßlichen Spannkraft. Die moraliſche
Stärke, welche Preußen groß gemacht hatte, war unverloren ge=
gangen. Das ganze Volk ſollte bald dem geharniſchten Manne
gleichen, dem der Kampf Beruf und der Sieg das unentbehrliche
Fundament ſeiner Ehre iſt. —

Bevor wir jedoch das Detail der taktiſchen Fortſchritte des
preußiſchen Heeres verfolgen, müſſen wir noch einen Augenblick
bei einer Erſcheinung verweilen, die um ſo charakteriſtiſcher für
dieſe Epoche iſt, als ihre Wirkſamkeit auf dem Gebiete der Theorie
ſich bis auf die neueſte Zeit hin erſtreckt hat. Wir meinen das
Hervortreten einer militairiſchen Kritik, welche obſchon mit
großer geiſtiger Befähigung ausgerüſtet, dennoch auf rein ab=
ſtraktem Boden, auf einer Tabula raſa neue ideale Schöpfungen
ins Leben rufen möchte. Indem ihr die complicirte Geſtalt, die
tieferen Bedingungen des wirklichen concreten Lebens entſchwin=
den, kann ſie die Ercentrizität ihrer Richtung nur dadurch geltend
machen, daß ſie den Werth eines hiſtoriſch gewonnenen Bodens
verwirft, aber ſich hierdurch ſelbſt die Möglichkeit ihrer Verwirk=
lichung nimmt. Sie iſt nicht, was ſie ihrem Weſen nach ſein
ſollte, eine reformatoriſche Kritik, ſondern ſie wird eine revolu=

naire, an welcher wir die natürliche Beweglichkeit des Geiſtes zur maaßloſen Unruhe entſtellt ſehen.

Heinrich v. Bülow ſpiegelt in dieſem Sinne ſchon in ſeinem äußeren Leben die Unruhe einer reich begabten Intelligenz ab. Ueberall zerfiel er zum bitterſten Gegenſatz mit ſeiner Umgebung. Als preußiſcher Offizier fand er weder bei der Infanterie noch bei der Kavallerie die Befriedigung, die er ſuchte. Er verließ den Staatsdienſt, debütirte als öſtreichiſcher Offizier in den Niederlanden, dann als Schauſpieldirektor, und endlich, als ihm Europa zu enge wurde, als Glashändler in Amerika. Aber der vaterländiſche Boden zog ihn zurück; in Berlin entwickelte er nun ſein bedeutendes Talent als Militairſchriftſteller; — er wurde Kritiker, zeichnete mit ſcharfer Feder die Geſchichte des Feldzuges von 1805, und ſtarb in Folge deſſen, von Oeſtreich und Rußland verfolgt, im Juli 1807 in den Kerkern Riga's.

Seine „Taktik der Neuern, wie ſie ſein ſollte", erſchien ſchon im Jahre 1805. In ihr verwirft er die geſammte preußiſche Taktik. Nach franzöſiſchem Vorbilde macht er zur Grundlage ſeines Syſtems die Beweglichkeit, aber er ſteigert ſie bis zur Löſung aller Ruhe, Ordnung und Disciplin. Den langſamen Schritt, ſelbſt den von 108 in der Minute, das ſteife Knie, die engen Hoſen, den Tritt und die Richtung überſchüttet er mit reichem Spott, und fordert dann, daß ſeine Soldaten nur laufen, nichts als laufen, vorwärts und rückwärts, geſchloſſen wie zerſtreut, es ſei denn, daß ſie kriechend auf den Bauch ſich an den Feind heranſchlichen. Dieſe laufende Infanterie kennt daher auch keine Vertheidigung, als die Ruhe des Abwartens einer ſchwachen Truppe in einer ſtarken Poſition; ſie greift vielmehr an, weil ſie hierin auch für den Schwachen das unentbehrliche Mittel zum Siege ſieht. Die trabende Infanterie wird nicht kommandirt, ſie wird durch Signale geleitet. Das Gefecht eröffnen die Tirailleurs; aber der Paralell-Angriff und das Feuern in weiter Entfernung iſt ihnen unterſagt; — ſie rennen daher in der Diagonale vorwärts, um die feindliche Flanke zum concentriſchen An-

griff zu umklammern, werfen sich 40 Schritt von dem Feinde
zur Erde nieder, und überschütten ihn liegend mit einem ersten
dichten Hagel treffender Kugeln. Muth, Geschicklichkeit und Si=
cherheit des Treffens sollen so dem Feinde auf gleiche Weise im=
poniren. Allein wir setzen den Fall, der Feind hält Stand, er
rückt vielleicht vor: Die Tirailleurs springen nun auf, und ver=
schwinden wie sie gekommen waren, fast unverletzt von den Ku=
geln des Feindes. v. Bülow erläutert dieses Mannöver in fol=
gender Weise: „Sobald das Signal zum Ausreißen gegeben
„ist, oder sobald der Drang, davon zu rennen, gefühlt wird, flieht
„meine Tirailleurfeuerlinie mit einer Schnelligkeit, auf welche sie
„eingeübt ist, durch die Lücken meiner Manipularlinie hindurch
(— das sind kleine geschlossene Abtheilungen, ähnlich unsern heutigen
Compagnie=Colonnen —), „um sich hinter derselben selbst in Mani=
„pularlinie wiederherzustellen. Alles nach einem Signal mit Hör=
„nern oder mit Pfeifen, die weit schallen, und mit denen man
„selbst im Sturm die Manöver der Kriegsschiffe befehligt." Auch
seine geschlossenen Massen sollen nur laufend retiriren, namentlich
im Gewehr= und Kartätschfeuer. Indem er die „sogenannte Ord=
nung" eines retirirenden Bataillons in der Cadence von 108 in
der Minute als unpraktisch und unwahr tadelt, fährt er fort:
„Mit einem Wort: die erste Regel bei einem Rückzuge ist die
„Unordnung; der größte Fehler: das linkisch stocksteife Zu=
„sammenbleiben, die blöde Angst, sich nicht zu verkrümeln. —
„Auseinander! muß der erste kathegorische Imperativ sein,
„lauft aus allen Kräften! der zweite; dort ist der Sam=
„melplatz! der dritte. Der gute Soldat hat keinen andern
„festen Posten als seine Beine! — Man reiße aus, aber man
„komme wieder; das ist die wahre Tapferkeit." Und an einer
andern Stelle: „Ist ein Wald in der Nähe, so giebt er den
„Flüchtlingen vortrefflichen Schutz. Ich sage Flucht, nicht Rück=
„zug, um das schnelle meines Davonkommens zu malen. Ein
„Rückzug ist zu phlegmatisch. Angriff und Flucht müssen gleich
„schnell, gleich hitzig sein; und wenn man es recht überlegt, so

„ist eine schnelle Flucht das sicherste Kriterion ungestümer Tapfer-
„keit!" —

Entkleidet man diesen Gedanken von seiner humoristischen
Ausdrucksweise, so bleibt doch noch immer das einfache Resultat,
das v. Bülow die Natur des Soldaten verkennt. Zwar sagt er
sehr richtig: „Die Kriegskunst muß ihre Regeln haben, welche
„auf die Natur des Menschen basirt sind, oder vielmehr in der
„Natur des Menschen liegen. Aus dieser muß man sie hervor-
„demonstriren, weil der Krieg von Menschen geführt wird." Allein
sie den natürlichen Trieben, ohne den Ernst und die Strenge
militairischer Erziehung, ohne Veredelung in einer Weise zu überlassen, welche das Bewußtsein höherer moralischer Kräfte aus-
schließt, heißt den Soldaten der Civilisation zum flüchtigen Be-
duinen der Wüste machen. Es ist sehr zweifelhaft, ob die Soldaten v. Bülow's, wenn sie einmal den Drang davon zu rennen
gefühlt haben, je wieder auf die Stimme ihres Führers, oder
auf das gellende Signal seiner Pfeife hören werden. Mit der
absichtlich gelösten Ordnung geht auch die Sicherheit, der moralische Halt, die „Contenance" unwiederruflich verloren, und um
diesen Preis das Leben Einzelner oder Vieler schonen, steht im
Widerspruche zu der energischen Natur des Krieges, welche das
unerschrockene Opfer und nicht die eigene Rettung gebietet.

Aus der Wirkung des concentrischen Angriffs leitet v. Bülow in abstrakter Verfolgung derselben Idee das taktische Gesetz
eines excentrischen Rückzuges ab, d. h. eines solchen, der in der
Richtung der Radien nach einen immer größer werdenden Bogen
stattfinden soll. Der nachfolgende Feind geriethe hierdurch in
einen Sack, in den concaven Bogen eines Halbmondes, der,
wenn er Halt und Front machte mit seinen Hörnern die feindlichen Flügel zu einem neuen concentrischen Angriff umfassen
würde, und so hätte man in der Flucht und scheinbaren Niederlage ein unfehlbares Mittel zum Siege gefunden. Allein durch
durch die Zerstreuung wächst auch mit der Größe des Bogens
die Schwäche der einzelnen Theile, die Möglichkeit gemeinsamen

Wirkens wird immer geringer und die vereinigte Kraft des Feindes durchbricht überall die lockern Fäden dieses künstlich gewobe-
nen Netzes.

In v. Bülow's Lauf-Taktik werden auch alle Aufmärsche,
alle Evolutionen im Trabe vollführt, selbst auf Märschen wird
zuweilen getrabt: — seine Kriegskunst liegt in der That ganz
in den Beinen. Er kultivirt sie deshalb durch Springen, Volti-
giren, Ringen und Wettrennen, und verwirft die ganze bisherige
Dressur mit folgenden Worten: „Ich halte Tanz- und Fechtmei-
„ster für nützlicher, als Exerzier-Corporale. Die letzteren ver-
„wandeln die unbehülfliche Starrheit eines Bauers in die gezierte
„Starrheit des Infanteristen; erstere geben dem Krieger durch
„ihre Uebungen Gewandtheit, Grazie und Stärke, sie machen ihn
„biegsam, und fähiger alle Formen anzunehmen." — Der Werth
strenger taktischer Dressur bleibt ihm hiernach unverständlich. Er
wendet sich deshalb um so mehr den Uebungen freier Bewegung
zu, dem Schwimmen, dem Werfen mit Wurfspießen zur Stärkung
des Arms und Schärfung des Auges; dem täglichen Scheibenschießen, liegend, stehend, kriechend, laufend, in allen Stellungen,
nur nicht knieend wie in dem ersten Gliede der Linie. Dieses
Niederfallen mache im Frieden auf den Exerzierplätzen Invaliden,
und komme im Kriege nicht vor. Allein es war unvermeidlich,
so lange drei Glieder gleichzeitig feuern sollten. v. Bülow's be-
wegliche Soldateska, welche er zum Theil wieder mit der Pike
bewaffnet, als bessere Stoßwaffe und praktischer Springstab, soll
dabei ein permanentes Nomadenleben führen, in Baracken und
Bivouacks liegend; sie soll sich felddienstfähig erhalten durch weite
und lange Märsche; sie soll sich nützlich machen gleich den Rö-
mern des Alterthums durch Straßen- und Chausseebau; und um
sich zu stählen gegen Wind und Wetter, soll jeder Soldat am
frühen Morgen entblößt in freier Luft mit zwei Eimern Wasser
begossen werden.

Gleichwohl dürften auch in seinen excentrischen Ideen die
fruchtbringenden Keime des Neuen nicht zu verkennen sein; allein

weil er mehr Kritiker als Historiker war, so wurde er nothwendig einseitig, und befangen in Vorstellungen, denen nur die Schöpfungen seines Kopfes, nicht aber das volle wirkliche Leben entsprach. —

In der nun folgenden Epoche von 1807 bis 1813 mußte es klar werden, ob die historische Bedeutung, welche sich Preußen mit dem Abschluß des 18. Jahrhunderts erworben, nur die ephemere Schöpfung eines großen Königs gewesen, oder ob die Kräfte, welche es so hoch gehoben, auch das wohlbegründete Eigenthum der ganzen Nation seien. Es war eine große Frage des Schicksals an den Geist und Charakter des preußischen Volks! — Aber in keiner Brust konnte die entscheidende Wichtigkeit dieses kritischen Moments tiefer empfunden werden, als in der des ritterlichen Königs Friedrich Wilhelm III. Die politische Ehre des Staates hatte ihn den Kampf aufnehmen lassen, der aus dem Sonnenglanze glücklicher Tage in die dunkle Stunde einer schweren Prüfung geführt; — jetzt galt es mit dieser Ehre auch die historische Mission und eine große Zukunft zu retten! Und in gerechtem Vertrauen auf den Muth und die geistige Stärke seines Volkes, ergriff Friedrich Wilhelm ein wahrhaft königliches Mittel: — er proklamirte Preußen zum Staate der Intelligenz. Indem er die Bande löste, welche nach irgend einer Seite hin auf eine reichere Entwickelung hemmend einwirken konnten, berief er alle Kräfte zu der angestrengtesten Mitwirkung an dem großen Werke vaterländischer Wiedergeburt. Vorwärts — und offene Bahn jedem Talent! wurde zur Devise eines Staats, der die Macht der Intelligenz über die Schranken materieller Gewalt auf glänzende Weise bewähren sollte. Eine ungeheure Rührigkeit ergriff die ganze Nation; ihre edelsten Geister schaarten sich um den Thron; und wie mit diamantenen Ketten schlangen sich neue Bande der Einheit um Fürst und Volk! So wurde die Epoche der Prüfung zu einer Epoche großartiger Vorbereitung für die nahe Zeit des Kampfes und der Bewährung. Unter den Augen eines mißtrauischen Feindes wurden die Waffen geschmiedet, die ihn verderben sollten. Preußen sollte größer werden, als es gewesen war.

Kaum war der Friede zu Tilsit im Juli 1807 geschlossen worden, als auch der König eine Kommission ernannte, welche unter dem Vorsitze des Prinzen Wilhelm von Preußen, Pläne zur Reorganisation der Armee entwarf. Unter der Zahl der ausgezeichneten Männer, welche hier wirkten, heben wir den Namen eines Mannes heraus, der ein unvergängliches Denkmal in dem Gedächtniß eines jeden Preußen hat. General v. Scharnhorst gehörte zu jenen stillen und tiefen Geistern, die mit der Genialität einer umfassenden Einsicht auch die Ruhe und Ausdauer eines ernsten Charakters verbinden. Die Kunst hat ihn mit Recht unter dem Bilde eines sinnigen Denkers dargestellt. Seine Ideen waren großartig; aber mit dem praktischen Takt eines echten Reformators wußte er sie selbst unter den schwierigsten Verhältnissen, leicht und einfach zu verwirklichen. Das Vertrauen seines königlichen Herrn ist ihm ununterbrochen geblieben; er spricht sich darüber in seinen Briefen mit der liebenswürdigen Bescheidenheit eines treu ergebenen Patrioten aus.

Die Resultate der Berathungen jener Kommission traten allmählig durch königliche Sanction in's Leben. Die vollendete Frucht derselben für die Elementar=Taktik war das Reglement von 1812, dessen Erscheinung sich vorzugsweise an den Namen des Generals v. Scharnhorst knüpfte. Die Liniar=Taktik ist in diesem Reglement nicht beseitigt, sondern mit den neuen taktischen Ideen auf sinnreiche Weise zu einem harmonischen Ganzen verschmolzen.

Schon am 20. November 1807 wurde der wichtigste Schritt zur Verbindung der älteren und neueren Taktik dadurch gemacht, daß das dritte Glied die Bestimmung erhielt, vorzugsweise zum Tirailleurgefecht verwendet zu werden.

Das Reglement von 1788 kannte nur 10 Schützen per Compagnie, Leute von „guter Conduite“, von denen Jeder einen „offenen Kopf“ haben, auch 14 Tage lang nach der Revüe im

Schießen nach dem Ziele geübt werden sollte; allein ihre dienst-
liche Bestimmung erstreckte sich nur darauf, einerseits als Vice-
Unteroffiziere zur Rekrutirung der Unteroffiziere zu dienen, andererseits in „waldigen und coupirten Gegenden als Patrouillen"
zu agiren. Zwar war es ihnen auch gestattet, einem avanciren-
den Bataillon auf 100 Schritte vor der Front vertheilt voranzu-
gehen, „um durch ihr Feuer dem Feinde Abbruch zu thun und
„ihn in Confusion zu bringen, ehe das Bataillon herankömmt;"
aber diese geringe Zahl, die ebenen Schlachtfelder und ihre Abhängigkeit von der noch überwiegenden Liniar-Taktik ließen sie
noch nicht zur Erkenntniß ihres Wesens kommen. Im Jahre
1806 vor dem Ausbruch des Krieges war auf die Verwendung
des 3. Gliedes zum Schützengefecht hingewiesen worden, allein
die Zeit war jetzt zu kurz gewesen, um sich gleich in die neue
Forderung hineinzuleben. Am Tage der Schlachten an der Saale
versuchten nur wenige Regimenter davon Anwendung zu machen;
der Geist des Schützengefechtes lag ihnen noch zu fern, denn noch
im Jahre 1805 erklärte ein gelehrter Militair: „das Tirailliren
„ist gegenwärtig ein wahres Spukgespenst in der Kriegskunst."
Man zweifelte an seiner Lebens- und Siegeskraft. Erst der kleine
Krieg in Pommern und Schlesien im Winter 1806 und 7 lehrte
die zerstreute Fechtart praktisch üben; und erst das Reglement von
1812 sprach scharf und treffend den höheren Standpunkt des Ti-
railleurgefechtes aus. Es erkannte, daß eine Truppe durch dasselbe an Vielseitigkeit gewonnen habe. „Die Infanterie muß
„im offenen und im durchschnittenen Terrain, gegen zerstreute und
„geschlossene Truppen fechten können." ... „Das Gefecht der
„Infanterie ist eine wechselseitige Unterstützung der zerstreuten und
„geschlossenen Fechter." ... „Aber der Schütze muß sich durch
„körperliche und geistige Eigenschaften dazu eignen, sich in den
„meisten Fällen selbst überlassen, leitet keine mechanische Form
„seine Bewegung. Eine vorzügliche Geschicklichkeit im Gebrauche
„seiner Waffe, körperliche Gewandtheit, Beurtheilungsvermögen,
„List, Kühnheit am rechten Ort, und Selbstvertrauen müssen ihm

„eigen sein." — Mit diesen Sätzen des Reglements ist der Charakter der Tirailleurs als ein freier, selbstständiger, selbstbewußter
bezeichnet, und hiermit das neue Prinzip, welches wir oben als
„freieste Beweglichkeit" nachweisen, vollständig anerkannt: es ist
gesetzlich sanktionirt.

Die Verwendung des dritten Gliedes zum Tirailleurgefecht steht
im Gegensatz zu der französischen Bestimmung, nach welcher die
Flügel=Compagnien als Voltigeurs zerstreut zu fechten haben,
während den Compagnien du centre ausschließlich das geschlossene Gefecht verbleibt. Diese Abweichung ist für die preußische
Infanterie historisch nothwendig durch den Einfluß der Liniar-
Feuer=Taktik geworden. Die Linie ist mit Recht eine der Haupt-
grundstellungen für das Gefecht geblieben, weil sie die größte
Anzahl gleichzeitig feuernder Gewehre hat, und durch den Gebrauch des dritten Gliedes, in Stelle jener Flügelabtheilungen, ist sie
in ihrer Länge ungestört; die Ausdehnung des Feuers wird nicht
vermindert, und die Zahl ihrer Sections und Züge ist zum Zu-
sammenfalten wie zum Entwickeln stets dieselbe. — Das dritte Glied
als Tirailleurs leistet noch mehr: — es ist die biegsamste Form
zum raschen Wechsel der geschlossenen und zerstreuten Fechtart,
und indem es zu jedem Theile des Bataillons in einem gleichen
Verhältniß steht, so werden hierdurch auch abgesonderte, detachirte
Glieder desselben befähigt, das zerstreute wie das geschlossene Gefecht an jeder Stelle selbstständig durchzuführen. Mit elastischer
Leichtigkeit zieht sich das dritte Glied zu geschlossenen Abtheilungen
zusammen, dehnt sich zu kleinen oder größern zerstreuten Linien
aus, leitet das Gefecht nach allen Richtungen in Front und Flanken ein, nährt und durchdringt alle Gefechtsmomente, und kann
zuletzt geschlossen als Reserve noch entscheidend wirken. Eine
wahre Proteus=Gestalt erscheint, verschwindet und tritt es wieder auf, ohne daß die taktische Ordnung des Ganzen nur einen
Augenblick durch diesen schnellen Wechsel gefährdet würde. Das
Verhältniß von 2 zu 1 entspricht dem Nachdruck, der überlegenen
Kraft der geschlossenen Massen gegen die nur vorbereitende zer-

streute Ordnung, allein was ihr hiernach an Zahlenstärke zu fehlen scheint, ersetzt sie reichlich durch Deckung, Sicherheit des Feuers,
geringere Verluste und durch Gewandtheit. — Die Uebung des
Tiraillirens in diesem Sinne kann zwar eines gewissen Formalis-
mus nicht entbehren; wir sehen ihn auf der ebenen Fläche eines
Exerzierplatzes oft wiederholt, allein es dürfte klar sein, daß
der Geist des Tiraillirens an dieser Stelle nicht zu gewinnen ist.
Es muß der Tirailleur vielmehr hinaus ins Freie, in Terrains,
die durch ihren Reichthum an Hindernissen und an Deckungs-
mitteln ihm die Nothwendigkeit aufdringen, selbst zu denken, selbst
zu urtheilen, und sich auch ohne den Impuls des Offiziers für
jede Rotte leicht zurecht zu finden. Ein täglicher Wechsel neuer
Eindrücke muß ihn geistig spannen, seinen Verstand beweglich
machen, und gelingt es, sein Interesse bei jeder Uebung neu zu
fesseln, so hat die Theorie der Praxis sich so weit genähert, als
es ohne das Entwickelungs-Element der Kriegsgefahr nur überhaupt geschehen kann.

Die neue Verwendung des dritten Gliedes hatte nothwendig eine
Umwandlung des Feuergefechtes in der geschlossenen Ordnung zur unmittelbaren Folge.

Die geschlossene Ordnung bestand von jetzt ab im Grunde
nur aus zwei engverbundenen Gliedern, wenn auch das dritte Glied
abwechselnd hinzutrat, und für die Formation des Ganzen ein
dauernder Bestandtheil blieb. Für zwei Glieder war es aber
nicht mehr erforderlich, daß das erste Glied zum gleichzeitigen
Feuer mit den Hinterleuten, sich auf die Knie niederwarf: — es
blieb jetzt stehen, während das zweite einfach überrückte. Wir
erkennen hierin einen tieferen Grund für diese Aenderung, als in
der Wirkung kritischer Bedenken, nach welchen das Niederfallen
des ersten Gliedes die Soldaten verleite, nicht wieder aufzustehen,
dem Zaghaften dadurch ein Mittel zur Entziehung von dem Gefecht werde, und so eine Quelle großer Unordnung, selbst tödt-
licher Gefahr für das erste Glied durch das Feuer des zu weit
abstehenden dritten Gliedes sein müsse. Diese Gründe möchten nicht

ohne praktische Wahrheit sein, aber sie wurden erst von dem
Augenblick an gültig, als eine weniger strenge Zucht und Disziplin die Ausführbarkeit der älteren taktischen Anordnung nicht
mehr aufrecht hielt.

Die Bataillonssalve, welche jetzt nur auf zwei Glieder
beschränkt war, verlor an Wirkung, weil eine Verminderung von
ein Drittel der ganzen Kugelzahl eintrat. Diesen Verlust des
Feuers in der geschlossenen Ordnung war aber bereits durch die
gesteigerte Wirkung des Tirailleurfeuers reichlich ersetzt worden,
und da hier die Ruhe, mit welcher der gutgezielte Schuß abge-
geben wurde, allein entschied, so lag es nah, den gleichen Vortheil auch auf die geschlossene Linie zu übertragen. Das Schnellfeuer, das regelmäßige Minutenfeuer hörte auf. Nicht die Masse
der fallenden Kugeln in dem möglichst kleinsten Zeitraume, sondern die Sicherheit des Treffens jeder einzelnen Kugel sollte die
„Zerstörung des Feindes" erstreben. Das Reglement erklärt deshalb: „Uebereilen beim Laden, welches der Wirksamkeit des Schus-
„ses nachtheilig ist, darf nicht stattfinden." — Ein Maaß für
die Schnelligkeit des Ladens war hierdurch ganz aufgehoben; und
nur zu dem Zweck des Vergleichs mit der ältern Feuerart wurde
der Unterschied dahin festgestellt, daß nicht schneller als höchstens
dreimal in einer Minute oder fünfmal in zwei Minuten geschos-
sen werden sollte. Die außerordentliche Vereinfachung in den
Handgriffen zum Laden ist aber als die wohlthätige Folge des
alten Schnellfeuers zu betrachten. — So unvermeidlich indessen
die Beschränkung der Salve auf zwei Glieder war, so konnte
man sich doch der Macht historischer Tradition nicht gänzlich ent-
winden, man suchte vielmehr die Mitwirkung des dritten Gliedes
zu dem Feuergefecht in der geschlossenen Ordnung auf eine andere Weise festzuhalten, und fand diese in dem Gewehrwechsel, welchen das zweite und dritte Glied bei dem continuirlichen Feuer der einzelnen Rotten in Anwendung brachten.

Ein Feuer mehrerer Rotten finden wir auch in dem Reglement von 1788 auf. Es wurde hier Heckenfeuer genannt,

und in der Art ausgeführt, daß sämmtliche zugführenden Offiziere auf Commando gleichzeitig drei zu drei Rotten feuern ließen; also ein Pelotonfeuer im verkleinerten Maaßstabe, wobei jedoch nur das erste und zweite Glied der Rotten feuerte, während das dritte Glied mit geschultertem Gewehre stehen blieb; schon hier fiel das erste Glied ganz konsequent nicht mehr auf die Kniee nieder. Dieses Heckenfeuer mußte der gehäuften Commandos wegen noch schwieriger durchzuführen sein, als das Pelotonfeuer; es mußte noch viel schneller in das unregelmäßige Bataillen= oder Plackerfeuer ausarten, wo Jeder schoß, so oft er wollte und geladen hatte. Das Reglement von 1812 erkannte diesen Uebelstand, es hob das Heckenfeuer auf, ohne sich aber stark genug zu fühlen, auch das Bataillenfeuer zu verhindern; es ging vielmehr noch einen Schritt weiter, es machte diese Feuer reglementsmäßig. Auf ein Zeichen mit der Trommel sollte jeder Mann des ersten Gliedes für sich anschlagen, feuern, laden, dann der Hintermann dasselbe thun, und sofort bis ein zweites Zeichen die Einstellung beföhle. Erst seit dem Jahre 1827 wurde für die Einleitung dieses Feuers der regelmäßige Wechsel zwischen den ungraden und graden Rotten des zweiten Gliedes angeordnet, um durch diesen vierfachen Wechsel eine lebhaftere Folge der Schüsse zu bewirken, und hierbei war es, wo der Gewehrwechsel des zweiten und dritten Gliedes die Anzahl treffender Kugeln in demselben Zeitraume erhöhen sollte. Das dritte Glied wurde zum Handlanger des zweiten, indem es abgeschossene Gewehre lud, eine Function, die ihm schon seit 1812 bei dem Quarree=Feuer zugefallen, und hier um so nothwendiger war, als das erste Glied niemals mitschoß. In den Uebungen ließ man das Bataillenfeuer regelmäßig auf die Salve folgen. Man wollte mit diesem reglementsmäßig gemachten Feuer den Eindruck der Unordnung verwischen; es sollte in dem Geiste des Soldaten nicht der Gedanke aufkommen, als habe der Commandeur, wenn auch nur auf Augenblicke, die Gewalt über das Bataillon verloren. Das Signal zum willführlichen Feuer in der geschlossenen Ordnung war eine Konzession an die Neigung des Soldaten, Angesichts des Feindes unaufhörlich auf ihn zu feuern, ihn gleichsam von seiner Stelle wegzufeuern, nachdem man sich bis zur möglichst kleinsten Distance an ihn herangefeuert hatte. War doch selbst die strengste Disziplin, die je gewesen, die Disziplin Friedrichs des Großen nicht stark genug, jene Neigung und dieses Feuer zu unterdrücken. Um so begreiflicher wird es, wie Scharnhorst hier nur einer praktischen Nothwendigkeit gefolgt ist, denn theoretisch verwirft er dieses Feuer, weil seine Wirkung die der Salve nicht erreiche, weil das unaufhörliche Schießen oft rein nutzlos sei, eine Patronen-Verschleuderung, durch welche nicht der Feind vernichtet, wohl aber die Steine stumpf, die Gewehre verschleimt, das Laden schwieriger würde, und die Unordnung im Bataillon so hoch zu steigen pflege, daß die Herstellung der „Attention" im Staube, im Pulverdampf und Lärm der Schlacht sehr zweifelhaft sein müßte, aber jedenfalls die unbedingte Autorität des Commandos gelitten habe. Ein Zielen sei hierbei gar nicht möglich. —

Mit der Einführung des Bataillenfeuers hörte auch das Pelotonfeuer auf. Es wurde mit Recht gegen dasselbe eingewendet, daß in der vorgeschriebenen regelmäßigen Reihenfolge vielleicht Abtheilungen, Pelotons feuerten, die gar nicht angegriffen würden; so wie vielleicht umgekehrt Pelotons in dem Augenblick, wo sie den Feind vor sich hätten, nicht feuerten. Man habe sich also nicht nach der Entfernung und dem Stande des Feindes, sondern nach einer ganz unnützen Folge des Feuers gerichtet. Auch habe diese Regelmäßigkeit sehr bald aufhören und ausarten müssen, weil in dem Getümmel des Gefechts auf dem rechten Flügel des Bataillons nicht zu hören gewesen wäre, ob das Peloton des linken Flügels gefeuert habe. Endlich müsse es mit der partiellen Wirkung von $\frac{1}{8}$ des Bataillonsfeuers, der Salve, nothwendig nachstehen. — So gegründet aber auch diese Einwände gegen das Pelotonfeuer sind, so konnten sie doch erst dann zur Geltung kommen, als sich der Feind, statt in langen Linien, in schmalen und tiefen Colonnen stellte und bewegte; bei diesen war das Treffobjekt allerdings verkleinert, dagegen bei den feindlichen Linien war es wie eine breite Scheibenwand zu groß, um jene Mängel in ihrem ganzen Umfange eintreten zu lassen oder klar zu machen. Die Entstehung und historische Tradition rechtfertigte das Pelotonfeuer bis zu diesem Augenblick vollkommen. —

Das Gliederfeuer, als der historische Vorläufer der Bataillonssalve, hatte schon zur Zeit Friedrichs des Großen aufgehört. Die Vereinigung der Anzahl der Glieder hatte in folgerechter Weise davon abgeführt. Denn es war mit 3 Gliedern nicht mehr möglich, ein solches kontinuirliches Feuer zu erzeugen, wie es früher die 10, 8 und 6gliedrige Stellung, und später die rasche Folge des Pelotonfeuers gewährte. Dennoch hat auch diese Urform des Feuergefechts die Gewalt geschichtlicher Ueberlieferung nicht eingebüßt. Wir sehen sie als eine eigenthümliche Combination der Salven und des kontinuirlichen Feuers in dem modernen Quarree-Gliederfeuer reproducirt. —

Das Prinzip der Beweglichkeit, welches durch das Tirailleurgefecht gewonnen worden war, durchdrang das ganze Gebiet elementarer Taktik; an die Stelle des langsamen Schritts trat der schon bekannte geschwinde und der neue Sturmschritt für die Bajonnett-Attaque. Die Hauptaufgabe aber blieb die Vermählung der alten taktischen Linie mit der neuen Colonne, und diese wurde glücklich gelöst in einer eben so raschen Verkürzung als Wiederverlängerung der Front, das ist durch Abmärsche und Aufmärsche. Das Reglement von 1788 kennt nur die geöffneten Colonnen, in Zügen oder Sections, die ersteren zu 8 oder 16 im Bataillon, und beide allein durch Abschwenken gebildet; dagegen ist die moderne Colonne die auf dem kleinsten Raume zusammengedrängte, die geschlossene Zug-Colonne formirt durch Hintereinanderschieben der Züge. Das Deployement aus derselben fand nicht mehr in Divisionen oder Compagnieen, sondern nur in Zügen statt, und wurde bereichert durch das Deployement aus der Tiefe.

Allein die Krone taktischer Vollendung repräsentirte die preu=
ßische Phalanx des 19. Jahrhunderts, die Colonne nach der
Mitte. Wenn es irgend eine taktische Form geben konnte, welche
fähig war, der vollkommenste Abdruck der Persönlichkeit ihres
Commandeurs zu werden, so war es diese. Die Eigenthümlich=
keit seines kriegerischen Geistes, seine Ruhe, seine Kaltblütigkeit,
sein unaufhaltsam vorwärtsstrebender Muth, müssen in ihr zu
einer lebendigen Seele werden, welche alle Glieder des taktischen
Körpers durchdringt, und sie zu gleichen Thaten der Ehre und
des Ruhmes mit fortreißt. Denn auf einem kleinen Raume dicht
zusammengeschlossen, ist der Führer jedem einzelnen Soldaten
näher gestellt, wie in jeder anderen Formation; sie Alle sehen ihn
und hören seine Stimme; sie Alle empfangen leicht den Eindruck
seines erhebenden Beispiels, und weder der Lärm der Schlacht,
noch der Staub und Pulverdampf können diese nahe Verbindung
unterbrechen. Aber auch die Unerschrockenheit der Offiziere geht
in dieser Colonne nicht wie in der langen Linie von Flügel zu
Flügel für die Gesammtheit verloren; das Beispiel älterer und
tapferer Soldaten wirkt hier in gleicher Weise ermuthigend auf
den militairischen Neuling; und jede höhere moralische Regung
muß in der Colonne nach der Mitte ihren Wiederhall, ihre un=
mittelbare Anerkennung und Fortwirkung finden. So wird in
ihr der persönliche Werth jedes Einzelnen zu einem schnellwirken=
den geistigen Gemeingut; und in dem gleichzeitigen Gefühle tak=
tischer Sicherheit, in der Gewißheit, durch die Tiefe der Stellung
in Flanken und Rücken nicht wehrlos zu sein, schreitet die ganze
Masse leicht und muthig vorwärts. — Mit Recht ist daher die
Colonne nach der Mitte zur Angriffs=Colonne gemacht worden;
Hindernisse, welche den Zusammenhang der Linie überall unter=
brechen würden, halten sie nicht auf; selbst die schmalsten Räume
weiß sie durch Abziehen zu durchschreiten; und mit ihrer vehe=
menten Stoß= und Druckkraft muß sie jede dünnere Formation
durchbrechen. Wie schmal aber auch ihre Front zum Nachtheil
des Feuergefechts sein möge, sie hat die Fähigkeit in sich, sich alle

Vortheile der Feuerwirkung einer langen Linie zu verschaffen, sei es, daß sie sich im Trabe zu einer solchen entwickelt, und dann vorwärts dringend, sich eben so rasch wieder zusammenfaltet, oder sei es, daß sie mit Tirailleurs in Intervallen gleich einer avan- cirenden Linie gleichzeitig ein ununterbrochenes Feuer unterhält. Und wird sie endlich von feindlicher Cavallerie bedroht, so genügt der bloße Halt, die einfache Wendung, um ringsum mit gefäll- tem Bajonett, mit einem nahen und wirksamen Feuer den Gegner zurückzuweisen. Das volle Quarree erscheint hier als eine so nothwendige Folge der Colonnen-Taktik, wie das hohle Quarree ein Produkt der Liniar-Feuertaktik war. Sie stehen Beide auf dem Boden des historischen Rechts; es ist in Beiden auf dem Schlachtfelde Großes geleistet worden, daher eine abwägende Kri- tik nicht von dem Standpunkte einseitiger Theorie zu der unbe- dingten Verwerfung des einen oder des andern Quarrees gelan- gen darf. Indem es deshalb einer künftigen Praxis immerhin vorbehalten bleiben möge, unter eigenthümlichen Umständen auch wieder von dem hohlen Quarree Gebrauch zu machen, werden wir uns doch mit Befriedigung der Vortheile bewußt werden, welche uns das volle Quarree gewährt hat. Die Widerstands- kraft einer tief gegliederten Stellung ist das nothwendige Gegen- stück der Stoß- und Druckkraft, die wir in der Colonne nach der Mitte herausheben. So wenig wie eine Colonne nach der Mitte, so wenig kann ein volles Quarree bei der Schnelligkeit seiner Formation von einem feindlichen Angriff überrascht werden. Scheint das Feuer der Flanken auch schwächer zu sein, wie das der Front und Queue, so entspricht es doch immer der hier gleichfalls ver- kürzten Angriffs-Linie, und bräche der Feind dennoch in die vor- deren Glieder ein, so würden die feindlichen Reiter bis in das Innere der Colonne hinein sich überall von dicht gedrängten Streitern umgeben sehen, die mit Bajonett und Kugel ihnen Tod oder Verwundung brächten. Freilich könnte die Gewalt des feind- lichen Geschützfeuers, die Kugeln der schweren Geschütze, die Kar- tätschen der reitenden Artillerie die moralischen Elemente des vollen

Quarrees bis zur Auflösung abschwächen: allein es ist die höhere
Bestimmung des Soldaten, auch einem ehrenvollen Untergange
entgegen zu gehen, und keine Formation, keine Deckung kann und
soll ihn mit absoluter Gewißheit diesem kriegsgemäßen Loose ent-
ziehen.

Wir haben also in der Colonne nach der Mitte eine taktische
Vielseitigkeit, ähnlich der elastischen Beweglichkeit der zu ihr ge-
hörenden Tirailleurs, zu erkennen, wodurch alle Uebungen auf
dem Exercierplatz, welche diese Colonne betreffen, eine gesteigerte
Wichtigkeit erhalten. Die Ruhe, die Ordnung, die Präcision,
welche hier gefordert und verlangt werden, beweisen die taktische
Tüchtigkeit einer Truppe in der geschlossenen Ordnung. Es ist
daher wie früher die Linie, so jetzt die Angriffs-Colonne mit
Recht die Grundstellung für das Gefecht geworden, und das Reglement von 1812, welches sie dazu erhob, characterisirt sie kurz
und treffend mit den Worten: „Sie vereinigt in sich Selbstständigkeit, Kraft und Bewegbarkeit." —

Der Einfluß des Tirailleursystems reichte aber in rascher
Entwickelung auch über die Grenzen des Exercierplatzes hinaus,
indem es die Nothwendigkeit des Ziel- oder Scheibenschießes begründete, den Felddienst erweiterte, und der Manövrirkunst einen
neuen Umschwung gab.

Das Scheibenschießen der Infanterie wurde schon im
Juni 1807 und wiederholt im Mai 1810 zu einem Hauptgegen-
stande der Sommerübungen gemacht. Die Instruktion vom Mai
1817 vollendete später den Verlauf dieser wichtigen Uebung.
Es war klar, daß nur der Tirailleur, welcher die möglichst größte
Sicherheit im Treffen besaß, seinen Zweck dem ganzen Umfange
nach erfüllen konnte. Wir erfahren demgemäß auch aus den Mo-
tiven der letzten Instruktion, daß ein wohlunterhaltenes und sicher
treffendes Kleingewehrfeuer gegen die ausgezeichnetste Tapferkeit
entscheide. Die Uebungen im Scheibenschießen sind daher als ein
großer Fortschritt in der taktischen Ausbildung des Infanteristen
zu betrachten. Indessen standen sie der vorigen Periode, welche

Alles durch das bloße Schnellfeuer bewirkt hatte, doch noch zu nahe, um auf der neuen Bahn sofort mehr als einen ersten Schritt machen zu können. Das altpreußische Gewehr erfüllte durch seine Construction alle Bedingungen des Schnellladens; aber es war wenig zum Zielschießen geeignet. Zwar wurden im Jahre 1809 zu dem Zweck einer verbesserten Einrichtung Versuche gemacht, welchen das neu preußische Steinschloßgewehr seine Entstehung verdankte, und welches gegen die damaligen Gewehre anderer europäischen Armeen entschiedene Vorzüge hatte; allein ohne Visir, mit bedeutendem Vordergewicht, mit einem großen Spielraum und weitem Zündloch, welche beide eine sehr starke Ladung erforderten, mußte das Scheibenschießen noch mit wesentlichen Schwierigkeiten ringen. Die Gewalt des Rückstoßes und Backenschlages, verstärkt durch den Backenausschnitt des Kolbens, gab dem Gewehr ein fast feindliches Verhältniß zu seinem Träger. Wenn dem ungeachtet, bei jährlich nur 24 bis 30 Schuß für den Mann, die Resultate befriedigend zu nennen waren, so lag dies einerseits in der planmäßigen Sorgfalt, mit welcher in strenger Pflichterfüllung diese Uebung geleitet wurde, anderseits in den weiten Grenzen, welche in den Anforderungen an einen guten Schützen gestellt waren. Für den Krieg mußte unter diesen Umständen die Nähe oder Weite der Aufstellung entscheidend sein, und man suchte nach Möglichkeit die erstere zu gewinnen. — Der starke Verbrauch an Platzpatronen, welcher die vorige Periode characterisirte, wurde zum Vortheil des Scheibenschießens beschränkt. Die Chargirung ohne Patronen füllte von jetzt ab einen um so größeren Zeitraum taktischer Ausbildung aus, und hier ist es sehr eigenthümlich, weil, bei aller Verlangsamung der Chargirungs-Momente, doch die historische Tradition des Schnellladens auf den Gebrauch des Ladestocks fortwirkte. Die sogenannte „schöne und schnelle Arbeit mit dem Ladestock“ war in der vorigen Periode nothwendig, weil von ihr die rasche Folge der Schüsse vorzugsweise abhing; in dieser Periode dagegen erschien das rasche Hineinwerfen und momentane Herausschleudern des Stockes als ein taktischer Uebungs-

Luxus, der schon bei dem Laden mit Platzpatronen und mehr noch bei dem mit scharfen Patronen verloren ging. Im Gegensatz zu der Strenge, mit welcher das einmal Erlernte festgehalten werden muß, wurde bei Patronen stillschweigend eine ganz andere Behandlung des Ladestocks zugegeben; es war dies die natürliche Wirkung moderner Praxis über eine historisch veraltete Theorie. Die neuste Zeit, welche die Construction des Gewehrs verbesserte und die Uebung des Scheibenschießens wesentlich reformirte, hat auch den Gebrauch des Ladestocks in der Chargirung auf ein richtiges Maaß zurückgeführt. Mit dem Gebrauch des Zündhütchens und mit der Einführung des zweimaligen Aufsetzens des Ladestocks auf die Patrone hat man die letzte Erinnerung an die Chargirung des 18. Jahrhunderts aufgegeben. Selbst der nach der Gewohnheit des Jägers von unten her erfolgende Anschlag ist in den directen Gegensatz getreten zu dem alten historischen Anschlage von oben her. —

Der Felddienst, als die Sicherung ruhender und marschirender Truppen, entbehrte in der vorigen Periode der Grundformen nicht, welche bis auf den heutigen Tag bei uns in Anwendung kommen, aber diese Formen durchdrang jetzt ein neuer Geist. Das Prinzip der Beweglichkeit erleichterte die Ueberfälle, und forderte zur gespanntesten Wachsamkeit auf. Eine zeitweilige stillschweigende Anerkennung der Ruhe, wenn Bivouacks, Läger oder Cantonnements bezogen waren, wich einer systematischen Beunruhigung des Feindes; Winterquartiere hörten auf, und die Courtoisie, welche den Gegner oft auf einem ausgewählten Fechtplatze herausforderte, und ihm hinreichend Zeit zum Aufmarsch, zur Formation ließ, diese bestand nicht mehr. Hatte man einmal das außerordentliche Uebergewicht der Ueberraschung kennen gelernt, und eine neue Fähigkeit gewonnen, sie in allen Terrains bei Tage wie in der Nacht zu vollführen, so mußte die natürliche Energie des Krieges sie bis zur äußersten Spitze zu steigern suchen. Was in dieser Beziehung auch mit den kleinsten Truppentheilen zu leisten sei, lehrten die Kämpfe in der Vendee, die

Guerilla-Banden Spaniens und die Scharfschützen Tyrols. Diese
Beispiele aus der Urkraft eines kriegerischen Volks-Geistes hervorgegangen, konnten auch für reguläre Armeen nicht verloren
gehen. Der Felddienst nahm in den Doppelposten als Schützen, in
den Feldwachen als Soutiens, endlich in den Piquets, Replis 2c.
als geschlossene Reserven, den Charakter des Tirailleursystems
an. Es waren dieselben Formen, die sich hier wie dort wiederholten; die gleiche Bestimmung, so wie der erste Flintenschuß ge-
fallen war; nur bis dahin ermäßigt durch eine nothwendige Schonung der Kräfte, und auf eigenthümliche Weise belebt durch die
weit ausgestreckten Fühlhörner zahlreicher Patrouillen. Die Sicher-
heitskette marschirender Truppen zeigt uns aus gleichen Ursachen
ein ähnliches Bild. Auch Felddienst-Uebungen müssen daher, wie
das Trailliren, im Gegensatz zu der Elementar-Taktik des Exerzierplatzes, über die Aneignung bestimmter Formen und einer
mechanischen Routine weit hinausgehen. Bleibt bei dem Tirailliren noch immer die Möglichkeit der unmittelbaren Einwir-
kung durch den Offizier, so ist ihm diese an der einsamen und
fernen Stelle des Vorpostens unvermeidlich entzogen. Keine Vorschrift, keine Instruction kann hier den Mangel einer freien geistigen Selbstthätigkeit, eines beweglichen Urtheils und einer raschen
Entschlossenheit ersetzen. Zu jeder Stunde liegt hier in der Hand
des einfachen Mannes ein schweres Verhängniß. Eine konsequente
und unermüdliche Erziehung des Soldaten zur Entwickelung seiner
Intelligenz und Selbstständigkeit wird daher in den Uebungen
des Felddienstes den Maaßstab ihres Gewinnes suchen können.
Im Juni 1808 wurden die ersten neuen Bestimmungen über die
praktische Ausbildung der Infanterie zum Felddienst gegeben; im
April 1809 und im Mai 1810 folgten erweiterte Anordnungen;
und im Februar 1810 der Erlaß, daß die leichte Infanterie einer
jeden Brigade zu dem Zweck ihrer speziellen Felddienst-Ausbildung
unter einem Staabsoffizier, und sämmtliche leichte Truppen des
Heeres unter einem General-Inspecteur, damals General-Major
v. York, stehen sollten. Es lag hierin, neben der vollkommensten

Anerkennung der Wichtigkeit, das Prinzip der Einheit und Gleich=
mäßigkeit ausgesprochen, welches eine spätere Zeit mit Recht für
die ganze Armee auch in dieser Beziehung erweiterte.

Die Manövrirkunst in langen Linien stellte noch die
Gebundenheit der einzelnen Theile, die gegenseitige Abhängigkeit
dar; die Manövrirkunst in Colonnen dagegen zerbrach die Fessel
des starren Zusammenhanges der Bataillone, und legte in die
Hand des Feldherrn die freie Verwendung der einzelnen Glieder
des Ganzen. Vereinigung und Trennung wurden mit gleicher
Leichtigkeit, ohne Störung des taktischen Organismus, vollzogen,
und hierdurch die Gemeinschaftlichkeit der Mitwirkung, die schnelle
Verwendung auf jedem Punkte des Gefechtsfeldes auf eine bis=
her unbekannte Weise möglich gemacht. Die Wahl coupirter und
bedeckter Schlachtfelder steht mit dieser Gelenkigkeit des Heeres in
engster Verbindung; neue und großartige taktische Bewegungen
mußten die nothwendige Folge davon sein. War nämlich bisher
Beweglichkeit ein ausschließliches Eigenthum des Angriffs gewesen,
während der Gegner in unthätiger Ruhe bis zu dem letzten Augen=
blicke des Zusammentreffens verharrte, so überwachte jetzt der
Vertheidiger mit scharfer Aufmerksamkeit die Momente der Schwäche
oder Unvorsichtigkeit seines Feindes, und stürzte sich dann auf ihn,
um ihn durch Vernichtung zu strafen. Der Begriff activer
Vertheidigung war hiermit entstanden; die Elemente des An=
griffs hatten die Vertheidigung mit einer neuen Seele belebt; und
diese beiden Hauptformen eines jeden Gefechts riefen ein reiches
und energisches Wechselspiel taktischer Kräfte hervor. Der An=
griff mußte von nun an nach andern Mitteln des Uebergewichts
suchen. Umgehungen an der Front des Feindes vorbei waren
unmöglich geworden; ja die Umfassung selbst traf nicht mehr die
schmale und schwache Front einer Linien=Flanke, sondern auch
hier hatte die Vertheidigung durch Erweiterung der Tiefenstellung
in der Aufstellung einer Avant=Garde, eines Gros mit seinen
Treffen, endlich einer Reserve mit seinen Cavallerie=Massen, aus
der schwachen Flanke eine leicht zu formirende starke Front ge=

bilbet. Der umgehende Gegner mußte sich hüten, in dem Augenblick, wo er die Hand nach der nahen Frucht des Sieges aus-
streckte, nicht selbst umgangen und mit verdoppeltem Verluste
zurückgeschleudert zu werden. Allein aus dem ächten Geiste des
Krieges wurde auch die Ueberraschung als ein bekanntes und
doch neues Prinzip der Schlachten geboren. Mit täuschenden
Front-Angriffen verdeckt und geheimnißvoll eingeleitet, wirkte sie
mit der Schnelligkeit des Blitzes, und durch überlegene Massen
auf dem entscheidenden Punkte mit der Alles zertrümmernden Gewalt eines Wetterschlages. Gewiß, die Infanterie allein wäre
nie im Stande gewesen, eine solche Aufgabe zu lösen, wenn nicht
die gleichzeitig sich entwickelnde Beweglichkeit der Artillerie, und
die nähere Verbindung mit der Cavallerie, theils vorwirkend,
theils unterstützend und vollziehend eingewirkt hätten. Die Gefechtsmomente der drei Waffen folgten und durchdrangen sich nun
im raschen Wechsel zur gemeinschaftlichen Wirkung, und diese
thatsächliche Harmonie wurde Veranlassung, daß schon im September 1808 eine neue Organisation des Truppen-Verbandes
gegründet wurde, nämlich die der Brigaden, bestehend aus
allen Waffen, 7 Bataillons, 3 Cavallerie-Regimentern und 2 Bat-
terien. Sie wurde die höhere Grundformation für den folgenden
Krieg. Erst im September 1818 wurde die Einheit aller Waffengattungen zur Division erweitert, und die gesonderten Infan-
terie- und Cavallerie-Brigaden geschaffen. —
  Im August 1809 wurden auf der neuen Grundlage die
Herbstübungen angeordnet, und im September desselben Jahres
folgte eine Instruction über die Schlacht- und Fecht-Ordnung der
Brigaden. Die Vereinigung der Füsilier-Bataillone, welche bisher besondere Brigaden bildeten, mit den Musketier-Bataillons,
in Stelle der bisherigen Grenadier-Bataillons, machte die Kriegs-
übungen vielseitiger. Die Füsiliere, von jetzt ab vorzugsweise für
das zerstreute Gefecht bestimmt, traten zu den beiden Musketier-
Bataillonen des Regiments in dasselbe Zahlenverhältniß, wie die
Tirailleure des dritten Gliedes zu dem ersten und zweiten Gliede.

Schlachten- und Feld-Manöver sollten auch in Friedenszeiten das Bild des Krieges in möglichst annähernder Weise wiedergeben. Diese Aufgabe war allerdings eine schwierige, weil die Wirkung des Artillerie- und des Gewehrfeuers, die Erfolge der Attacken und Chofs erst durch die Phantasie vermittelt werden mußten; — weil ferner die Ueberlegenheit moralischer Elemente gegen die einfache Entscheidung der Truppenstärke gar nicht zur Anschauung gebracht werden konnte. Allein die Wahrheit des Krieges reproduzirte sich leicht und sicher in der Disposition oder der Einleitung zu dem Gefecht. So wie diese einerseits zu einem Prüfstein des militairischen Combinations-Vermögens wurde, so mußte sie anderseits durch Uebung und Gewohnheit eine praktische Gelegenheit zur Entwickelung eines unerschöpflichen Reichthums an taktischen und strategischen Ideen geben. Ein Friedensmanöver als eine Reihe von Dispositionen für frische (d. h. unzerstörbare) Truppen aufgefaßt, wird an keiner Stelle der Belehrung und der wirklich kriegsgemäßen Vorbildung entbehren. Scheint dieser Vortheil auch nur für die Führer zu gelten, so wird doch durch Manöver auch der Verstand des Soldaten an eine Beurtheilung und Benutzung des Terrains, an eine gegenseitige Unterstützung der Waffen, an den Wechsel der Gefechtsmomente, und endlich in den langen Märschen an die Nothwendigkeit körperlicher Anstrengungen gewöhnt, deren Ertragung die wichtigste Natur-Basis des Krieges und die erste Bedingung des Sieges ausmacht. —

Wir haben bis hierher die Fortschritte verfolgt, welche die preußische Infanterie in der Periode der Vorbereitung von 1807 bis 1813 auf dem Gebiete der Elementar-Taktik, des Scheibenschießens, des Felddienstes und der Manövrirkunst zu machen strebte. — In dem Gefühl seiner allmählig wachsenden Kraft mußte das Heer mit kriegerischer Ungeduld der Epoche seiner Bewährung, der Epoche eines neuen, ruhmvollen Kampfes entgegensehen. Aber woraus bestand dieses Heer? Auf den mit Blut getränkten Feldern Ostpreußens war fast der letzte Rest des ehemaligen großen Heeres vernichtet worden; wie ein sterbender

6

Fechter ſank es hier doch nicht ohne Glorie hin! Die nach dem Frieden zu Tilſit zuſammengerafften Trümmer durften die Stärke von 42,000 Mann aller Waffengattungen nicht überſteigen. Allein Scharnhorſt's reiches Genie wußte ſchon innerhalb dreier Jahre dieſe geringe Zahl um das dreifache zu vermehren. Man kürzte ſeit 1810 die Länge der Dienſtzeit ab, entließ von den älteren Soldaten monatlich 5 Mann einer jeden Compagnie, und hob beſtändig neue Mannſchaften aus; auf dieſe Weiſe hatte ſich bis 1813 ohne Aufſehen, ganz im Stillen, ein Heer von 150,000 Mann gebildet. Die Entlaſſenen wurden Krümper genannt. Das Krümperſyſtem iſt die Grundlage des ſpäteren Landwehrſyſtems geworden; denn ſchon im Jahre 1809 wurde die Werbung der Ausländer völlig abgeſchafft; das Heer ſollte in Zukunft nur aus Inländern beſtehen, daher ſchon jetzt die erweiterte Cantonverfaſſung als gleichzeitige Anbahnung zur allgemeinen Wehrpflicht. Die Schöpfung eines reinen nationalen Volksheeres enthielt die würdige Erklärung, nur der eigenen Kraft die Wiedergeburt und Rettung des Vaterlandes verdanken zu wollen. So nahte das Jahr 1813. —

In dem Geiſte des Königs mußte an dem Vorabende entſcheidender Ereigniſſe die ernſte Frage auffſteigen, ob ſein Volk auch zu der begeiſterten Eingebung erſtarkt ſei, welche in dem Kampfe um die Selbſtſtändigkeit Preußens allein die Gewißheit des Sieges bedinge. Das einmal gezogene Schwerdt konnte nur zu einem Kampfe auf Leben und Tod führen. Alles wieder gewinnen, Ehre, Ruhm und die Achtung der Mit= und Nachwelt, oder Alles verlieren: das war die einzige, aber auch große Wahl! Und der König fragte ſein Volk! Er that dies an dem 3. Februar des Jahres 1813. Durchdrungen von der weltgeſchichtlichen Bedeutung des Augenblicks, ſprach er nicht als unumſchränkter Gebieter, nicht als ein Geſetz verkündete er ſeinen Willen; er wollte in einer feierlichen Stunde nicht das Gebot der Gewalt zwiſchen ſich und die Seinen ſchieben: — er fragte einfach, ob ſie freiwillig, aus innerſter Neigung, mit eigenem freien Entschluß, ihm, ihrem Könige und Herren, zu dem heiligen Kampfe folgen wollten? Und Preußens kriegerischer Genius war nicht erstorben! — er stieg, ein neu geborner Phönix, glänzender als je aus der Asche hervor! Jünglinge und Männer strömten von allen Seiten den neu errichteten Fahnen, den wieder entflorten Adlern Preußens zu! — Erst jetzt konnte der König am 17. März von Breslau aus das entscheidende Wort des Krieges sprechen: „Große Opfer werden gefordert, allein die „größten schwinden dahin, im Vergleich mit dem, wofür wir sie „darbringen! Es ist der letzte Kampf, den wir für unsern Na„men, für unser Dasein wagen, und unser Losungswort ehren„der Friede oder rühmlicher Untergang!" Die Stimme des Volks hatte geantwortet. Der allgemeine Wunsch hatte sich laut und energisch in einer That der Ehre und Hingebung ausgesprochen. Was der König begonnen, vollendete er nun als Gesetzgeber, indem er an demselben Tage erklärte: „Jeder Sohn „des Vaterlandes muß den Kampf für Freiheit und Ehre thei„len. Zu diesem Zweck ist es nothwendig, daß eine allgemeine „Landwehr und ein Landsturm eingeleitet werde. Ich befehle „hiermit die erstere, und werde den letztern anordnen lassen." — Dies war das Zeichen zu dem großen Landes = Generalmarsch, der ganz Preußen in ein kriegerisches Feldlager verwandelte. 350,000 Mann stellte der zerstückelte Staat auf; bald sollte er, wieder hergestellt und vergrößert, über eine halbe Million gebieten können. So war die altgermanische Ehre, die Ehre der Waffen, durch das neue Gesetz zu einem Gemeingut seiner Bürger, des Höchsten wie des Geringsten, geworden! Preußens künftige Generationen wurden „ein Volk, in Waffen geboren!"—

Der ruhmvollste, der größte Kampf, den die Geschichte gesehen, begann weil fast alle Völker Europa's in die Schranken traten. Zahlreiche Heere drängten sich gleich einer neuen Völkerwanderung wieder von Ost nach West zu den alten Schlachtfeldern Deutschlands hin; aber nicht um den Grund und Boden, sondern um die edelsten Güter, um nationale Selbstständigkeit

6*

und politische Achtung zu streiten. Aus den dunkeln geheimniß-
vollen Tiefen eines verletzten Volksgeistes wurde die Gewalt
heraufbeschworen, welche mit urkräftiger Naturmacht den kühnen
Eroberer in seine Grenzen zurückwarf, und ihn bis zur Vernichtung verfolgte.

Das preußische Heer trug im erhöhten Maaße den Ruhm,
aber auch die Leiden des Krieges; es wand sich den Ersteren
zum unvergänglichen Lorbeerkranze und achtete der Letzteren nicht;
es folgte mit unerschütterlicher Ausdauer dem greisen, und doch
so jugendkräftigen Feldherrn, welchen des Königs Weisheit mit
glücklicher Wahl an seine Spitze gestellt. An des alten Blüchers
Namen knüpfte sich der magische unwiderstehliche Reiz männlicher
Thatkraft; sein Vorwärts wurde die lang ersehnte Losung der
preußischen Truppen; seine unzerstörbare Furchtlosigkeit enthüllte
nur die eigene Gesinnung des Heeres. Und so mußte es geschehen, daß das niedergeworfene Preußen in dem großen Völ-
ker-Drama die tragische Schlußrolle spielte. Gleich einer rächen-
den Nemesis führte es bei Belle-Alliance den letzten entscheidenden
Schlag, um dann im einzigen, rastlosen Siegeszuge den Frieden
der Welt in Paris zu begründen. Der Geist Friedrichs des
Großen war neu erstanden in diesem Heere, und eine Königliche
Verheißung, ein ehrenvoller Friede, reich in Erfüllung gegangen. —

Solche Leistungen eines rein nationalen Volksheeres mußten
um so mehr Veranlassung werden, die Organisation desselben
auch für die Zukunft dauernd zu begründen. Schon am 3. September 1814. erschien das Gesetz, welches die allgemeine Verpflichtung zum Kriegsdienst näher bestimmte. Die Landwehr
bildete von nun an beständig einen Theil der bewaffneten Macht,
ohne ihren bürgerlichen Verhältnissen entnommen zu sein; sie trat
nur bei einem ausbrechenden Kriege oder bei den jährlichen kurzen Uebungen als ein geschlossenes Ganze zusammen. Ein moderner Heerbann verband sie den Bürger und den Soldaten auf
neue und eigenthümliche Weise. Der kriegerische Geist des militairischen Preußens hatte hierdurch eine großartige Basis erhal-

ten, weil das Institut der Landwehr das ganze Leben aller waffenfähigen Männer des Staats umfaßte. Das stehende Heer dagegen, jeden Augenblick bereit ins Feld zu rücken, verlor seinen bisherigen Charakter der Abgeschlossenheit; es wurde zur Durchgangsschule für die kräftige Jugend des Landes, welche hier militairisch ausgebildet die Geschicklichkeit für den Krieg in das spätere Landwehr-Verhältniß übertragen und dort dauernd festhalten sollte. Die Canton-Verfassung war aufgelöst.

Gewiß, es lag hierin ein großer Fortschritt zu der ideellen Einheit, welche die Königliche Gewalt bereits formell begründet hatte, welche aber in dem Staate der Intelligenz auch innerhalb seiner Glieder jeden historischen Gegensatz auf vernünftige Weise vermitteln und ausgleichen sollte. Hatte doch diese Einheit Preußen so eben von Neuem groß gemacht: — sie durfte mit dem erreichten Ziele nicht wie ein Rausch des Augenblicks wieder verloren gehen. Allein es liegt in der Natur eines höheren Fortschritts, daß er auch neue und immer schwierigere Probleme mit sich führt; und um sie würdig zu lösen, muß man sie klar und bestimmt erkennen.

Durch die Macht eines höheren Prinzips besiegt, hatte der alte geworbene Söldner dem modernen geborenen Vaterlands-Vertheidiger weichen müssen; aber mit ihm war auch die zwanzigjährige Dienstzeit zu Grabe gegangen, die dem Soldaten das Heer zur Familie und Heimath, die strengste Kriegszucht zur Gewohnheit, und die gründlichste militairische Ausbildung zum unverlierbaren Eigenthum gemacht hatte. In einer 2 bis 3jährigen Dienstzeit mußte die Dressur den Charakter einer Schnelligkeit annehmen, welche zwar auf Grund gesteigerter Fähigkeiten möglich und aus höheren Rücksichten geboten war, welche aber als Eigenthum des Soldaten auch unvermeidlich einer flüchtigern und kürzern Dauer verfiel. — Gleich die 6 monatliche Vorbildung des Rekruten wurde zu eben so viel Wochen zusammengezogen, und in rastloser Thätigkeit drängten Uebungen auf Uebungen nach ihrer stets gleichen Abwickelung, um kaum

vollendet mit einem neuen Erſatz denſelben Kreislauf zu durch-
eilen. Die Dreſſur erreichte nie den Moment des Fortbaues
auf einem abgeſchloſſenen Grunde, ſie mußte dem Reichthum der
fortgeſetzten Praxis entſagen, um in denſelben Grenzen daſſelbe
Werk der nothwendigſten elementaren Ausbildung nur ſtets von
Neuem zu wiederholen. Der Typus alter Soldaten ging
hiermit unwiederruflich verloren. Das ſtehende Heer hörte auf
durch die Bande der Pietät und Gewohnheit eine große Familie
zu ſein. Der Name der Führer, einſt der konkrete Anhalt hiſtoriſcher Rückerinnerung, wurde durch abſtrakte Nummern von den
Regimentern abgeſtreift. Die Armee hatte die Stellung geſchicht-
licher Selbſtſtändigkeit verlaſſen; ſie war, ſich auflöſend in das
Allgemeine, zur militairiſchen Erziehungs-Anſtalt des Staats geworden. Ungeachtet dieſer Schwierigkeiten bildete ſich dennoch im
Laufe der zwanziger Jahre wieder der ſtrenge Begriff der alten
Schule aus. Zwar war ſehr bald nach dem letzten Feldzuge
das kriegsgeübte Heer, dem Geſetze gemäß durch ein jüngeres
erſetzt worden; allein das Offizier-Corps repräſentirte in
dieſem Wechſel das dauernde Element; es wurde der Träger
hiſtoriſcher Traditionen, wie es der Bewahrer der Kriegserfah-
rung und der Bildner militairiſcher Einſicht ſein mußte. Der
Krieg hatte die Offiziere der preußiſchen Armee wieder auf einen
idealen Standpunkt gehoben; ſie faßten die neue Organiſation
des Heeres mit einem außerordentlichen Eifer auf; ſie erkannten,
daß in ihrer Hand das Gelingen der erhabenen Idee gelegt ſei,
welche der Königliche Geſetzgeber als eine neue Entwickelungs-
Phaſe des militairiſchen Preußens vorgezeichnet hatte. Das Prinzip treuer Pflichterfüllung wurde zur Ehrenſache des preußiſchen
Offiziers-Corps, und zwar in einer Weiſe, welche keine Seite
des Dienſtverhältniſſes für ein gleiches Intereſſe zu gering achtete.
Man ſah in der Kürze der Dienſtzeit nur die Nothwendigkeit
geſteigerter Anſtrengung; man wurde erfinderiſch in neuen Hülfsmitteln taktiſcher, gründlicher Ausbildung, und ein edler Wettſtreit
erhielt die Offiziere in raſtloſer Thätigkeit. Auf dieſem Wege

allein konnte es möglich werden, sich wieder in den Uebungen
der Präzision, der Sicherheit, dem Apell, und dem strengen Gehorsam zu nähern, welche die Armee Friedrichs des Großen in
so hohem Grade ausgezeichnet hatten. Aber auch ein neues
inneres Band mußte zwischen Heer und Führer an die Stelle
der langjährigen Gewohnheit, der ursprünglichen Pietät gesetzt
werden, und man suchte es mit glücklichem Takt und den Be-
griffen der Zeit gemäß in einer vollendeten Humanität der
Behandlung des Soldaten. Schon durch das Gesetz vom 3. August 1808. war die ältere härtere Strafordnung abgeschafft worden; auf die gewaltsame Beugung widerstrebender Söldner be-
rechnet, wurde sie bei der allgemeinen Militair-Conscription
unausführbar und unnöthig, denn die höheren Elemente der Erziehung, der Bildung, des Ehrgefühls blieben von nun an auch
einem großen Theil der Soldaten nicht fremd, und ihr Beispiel
sollte auf rohere Individuen fortwirken. Die Offiziere sollten
nach dem Willen des Königs nicht vergessen, daß ihnen die
ehrenvolle Bestimmung zu Theil geworden, Erzieher und Anfüh-
rer eines achtbaren Theils der Nation zu sein. Auch die Kriegsartikel wurden demgemäß umgewandelt und gemildert. — Indessen
Strafen und Strafgesetze sollten von nun an nicht der Haupthebel
für die militairische Einheit der Führer und der Soldaten sein,
sondern geistige Kräfte sollten auf dem Boden der Humanität
mit übergreifender Gewalt jene Einheit zu gründen wissen. Die
Königliche Ordre vom Jahre 8. spricht diesen Gedanken mit
großer Bestimmtheit aus. „Wenn der Offizier — heißt es darin —
„seine Würde nur in Ausbildung seiner Fähigkeiten, Vermehrung
„seiner Kenntnisse und wirklichem innern Werth setzt; wenn er
„überall auf seine Handlungen strenge Aufmerksamkeit richtet, und
„unpartheiisch und gerecht gegen seine Untergebenen ist: so kann
„es ihm nicht fehlen, daß er sich nicht die Liebe, das Vertrauen
„und den achtungsvollen Gehorsam derselben in hohem Grade
„erwerben, und sein Ansehen fest und bleibend gründen wird.‟
Wie unentbehrlich in der That eine solche geistige Einwir-

kung wurde, zeigte sich mehr noch als bei den Linientruppen in
den Verhältnissen der Landwehr. Die jungen und leicht folg=
samen Soldaten waren in ihr zu Männern herangereift, welche
zwar eine patriarchalische Beziehung an die Offiziere ihres Krei=
ses knüpfen sollte, welche aber auch gleichzeitig durch die Selbst=
ständigkeit ihrer vorherrschend bürgerlichen Verhältnisse mit den
Gefühlen der Unabhängigkeit und persönlicher Freiheit erfüllt
wurden, die dem Zwange militairischer Unterordnung wenig gün=
stig waren. Die tägliche Gewohnheit konnte hier umgekehrt leicht
zu einer Entfremdung führen, welche in den wenigen Wochen
jährlicher Uebung nur mit Mühe das richtige Maaß individueller
Sinnesart gegen das allgemeine Gesetz militairischer Zucht und
Ordnung wieder finden ließ. Gleichwohl ist ein Gegensatz beider
Seiten keine in der Natur der Sache liegende Nothwendigkeit.
Selbstgefühl und Subordination vermitteln sich leicht auf der
Basis vernünftiger Einsicht, und somit wird eine fortschreitende
Intelligenz auch den scheinbaren Gegensatz als eine vorüberge=
hende Durchgangs = Periode immer mehr zu beseitigen wissen.
Allein der nächste praktische Einfluß bleibt der überlegenen geisti=
gen Gewalt tüchtiger Offiziere vorbehalten. Auch der widerstre=
bendste Sinn beugt sich gerne und willig der Persönlichkeit, die
er achten muß, weil er ihre ernste Strenge fürchten und ihre
wohlwollende Theilnahme lieben gelernt hat. Eine genaue Kennt=
niß des Dienstes, eine gründliche Unterweisung werden diesen Ein=
druck vollenden; und von solchen Kräften getragen, wird der
höhere Werth des militairischen Gesetzes auch dem einfachsten
Verstande begreiflich. Haben auf diesem Wege Subordination
und Disciplin den Charakter freier vernünftiger Selbstbestimmung
angenommen, erst dann hat das Institut der Landwehr die ideale
Vollendung gewonnen, welche es zu einem dauernden und groß=
artigen Fundament der militairischen Kraft des Vaterlandes
machen muß. —

Die lange Friedensperiode, welche dem Jahre 15. bis auf
die heutige Zeit gefolgt ist, gab die Gelegenheit sich mit prüfen=

der Aufmerksamkeit in die neue Organisation nach allen Seiten hineinzuleben. Entsprechend der allgemeinen Richtung der Zeit entwickelte sich ein Geist scharfer militairischer Kritik, es sprach sich hierin das Bedürfniß aus, über den Werth historischer Resultate zur klaren Erkenntniß zu kommen. Allein selbst der heftigste Widerstreit entgegengesetzter Meinungen, hielt nur die Kräfte lebendig, welche den Fortschritt zu höherer Entwickelung bedingen. Und dieser Fortschritt trat mit dem Jahre 1840. mit dem Regierungs-Antritt Sr. Majestät des Königs Friedrich Wilhelm IV. in eine neue Epoche ein: — Es ist die Epoche großer Reformen.

Dahin gehörte zunächst für die taktischen Uebungen das Reglement vom Jahre 1843. Während das Reglement von 1812. als Hauptinhalt noch die Liniar-Taktik mit ihren vorherrschenden Bewegungen in der geschlossenen Ordnung enthielt, und das zerstreute Gefecht durch die Verwendung des 3. Gliedes nur in allgemeinen Zügen skizzirte, — hob das neue Reglement, als eine nothwendige Ergänzung des älteren, mit gleichem Nachdruck das zerstreute Gefecht hervor. Die Erfahrungen, welche in dieser Beziehung die Feldzüge von 13, 14 und 15. hatten machen lassen, sollten als bewährtes historisches Erbtheil dauernd aufbewahrt werden, und ihr Produkt ist die ausgedehnteste Anwendung der Compagnie-Colonnen. Die Infanterie erreichte mit diesen Colonnen eine innere Gliederung und Gelenkigkeit, welche als eine formelle Vollendung des Prinzips freier Beweglichkeit zu betrachten ist. Das Reglement verließ hiermit die engen Grenzen des Exerzierplatzes; es entwickelte Prinzipien für die Führung eines Gefechts, und forderte dadurch zu ihrer richtigen Anwendung eine geistige Beweglichkeit, welche nothwendig über die beständige Wiederholung eines starren Gefechts-Methodismus hinausführen mußte. Auch die Erfindung und Einführung des Perkussions-Gewehres, dessen vereinfachter Mechanismus die Sicherheit des Schusses wesentlich steigerte, machte neue Bestimmungen über die Handhabung desselben erforderlich. Die

**

Schnelligkeit der Chargirung, welche man bei dem alten Stein-
schloßgewehre noch nicht ganz hatte überwinden können, wurde
jetzt für das Laden und Feuern bestimmt untersagt, und ermä-
ßigte sich auch von selbst durch den kleinern Spielraum der Kugel
und durch das Aufsetzen des Hütchens. Um die Wirksamkeit des
Feuers, als das letzte Ziel aller taktischen Bestrebungen, möglichst
zu erhöhen, entsagte die geschlossene Ordnung fast ganz dem
continuirlichen und dem Fern=Feuer; indem beide Feuer-
Arten vorzugsweise dem zerstreuten Gefecht anheimfielen, verblieb
der geschlossenen Ordnung die momentane, massenhafte Wirkung
der Salve, welche die Ruhe und Besonnenheit des Commandeurs in letzter Nähe mit um so stärkerer Wirkung sollte abgeben
lassen. Das Bataillons= oder Rottenfeuer wurde in seltener
Anwendung als „Ausnahme von der Regel" der Salve vorgeschrieben; es ganz zu beseitigen schien der historischen Praxis
noch nicht zu entsprechen, wie scharf auch eine theoretische Kritik
gegen diese „reglementsmäßige gemachte Unordnung" auftreten
mochte. Nur in dem Quarree war das continuirliche Feuer
gegen die wiederholten Angriffe feindlicher Kavallerie nicht zu
entbehren; es wurde aber auch hier durch das neue Gliederfeuer mit dem Charakter partieller Salven versehen, und so
überall dem gleichem Grundsatz in der geschlossenen Ordnung
gehuldigt. —

Das verbesserte Gewehr führte zu einer neuen Instruktion
über das Scheibenschießen, vom Januar 1845. Die jährlich zu verschießenden Patronen wurden um mehr als die Hälfte
vermehrt und ihre Vertheilung auf die verschiedenen Schuß=Di-
stancen der Praxis des Schützengefechts entsprechend regulirt.
Gleichzeitig erhöhte man die Forderungen an eine normale Schußfertigkeit und wies auf Verbesserungen hin, welche durch eine
sorgfältige Beobachtung bei der praktischen Ausführung fortwährend zu gewinnen sein würden. Durch eine solche Sorgfalt wird
der Werth des Schützengefechts für einen kommenden Krieg um
so höher steigen.

Auf die Wichtigkeit des Feldbienstes und der Feldma-
növer wurde schon im Jahre 1840 durch eine königliche Ordre
besonders aufmerksam gemacht. Hatte man sich im Laufe eines
langen Friedens vorzugsweise den elementaren Uebungen auf dem
Exerzierplatz zugewendet, so sollte von jetzt ab das möglichst treue
Bild des Krieges den Truppen wieder näher gebracht werden.
Nicht nur die Soldaten, sondern auch die Offiziere als Truppen-
führer wurden auf die höheren Forderungen des Krieges hingewiesen. War doch der größte Theil der Männer, die den Krieg
aus eigener Anschauung kennen gelernt, aus den Reihen der
Armee schon ausgeschieden, die Wenigen, die als praktische Kriegs-
lehrer übrig blieben, mußten eilen, ihre Einsichten wenigstens zum
Theil auf jüngere Generationen zu übertragen.   Feldmanövers
sollten demgemäß die kriegsgemäße Wiederholung Alles dessen werden, was das taktisch-formelle Eigenthum der Truppen geworden
war; aber belebt durch den raschen Wechsel der Terrains, durch
die schnelle Folge der Gefechtsmomente und durch die Bethätigung der geistigen Kräfte, welche zum richtigen Urtheil, zum Entschluß, und so zum Siege führen. — Um für solche Leistungen
ein brauchbares Werkzeug zu sein, mußte die Gewandheit des
Soldaten auf jede Weise gesteigert werden. Man griff zu diesem
Zweck mit vollem Recht noch weiter, indem man die ganze Nation zur militairischen Vorbildung heranzuziehen suchte: — man
gab ihr das Turnen zurück. Im Laufe der zwanziger Jahre
war für einen Theil der Truppen schon das Schwimmen zu
einem Gegenstande militairischer Ausbildung gemacht worden; in
den dreißiger Jahren trat das Bajonettfechten hinzu; jetzt
sollte mit erhöhten Forderungen an das Eine wie an das Andere die Gymnastik den Cyklus neuer körperlicher Uebungen
vollenden. — Wenn auch der Fortschritt nicht zu verkennen ist,
der prinzipiell in einer solchen Erweiterung militairischer Ausbildung liegt, so dürfte zu seiner richtigen Beurtheilung doch nicht
zu übersehen sein, daß jene Uebungen einerseits, ohne Beeinträch-
tigung reiner taktischer Ausbildung, nur das untergeordnete Werk

weniger Mußestunden bleiben können; andererseits aber wenig geeignet sind, die Intelligenz des Soldaten, seine geistige Beweglichkeit zu wecken und zu erweitern. Für diesen höheren Zweck ist das Tirailliren im freien Felde, der Felddienst und das Manöver ein bei Weitem stärkerer Hebel, dem als solchen bei der Kürze der Dienstzeit die möglichst ausgedehnteste Anwendung zu wünschen ist.

So sind wir denn dem kriegerischen Genius des brandenburgisch-preußischen Staats durch fünf Jahrhunderte in seiner reichen Entwickelung gefolgt. Ueberall sahen wir die Keime und Früchte eines kräftigen Geistes, eines starken Willens, und einer edlen Hingebung an König und Vaterland, die Preußen groß gemacht haben, und uns mit Vertrauen auf die glänzende Bahn seiner Zukunft blicken lassen. Wir aber, die wir als Söhne dieses Landes, als die Erben des Schwerdtes auch die Träger und Bildner seiner militairischen Kraft sind, wir wollen in der Würde unseres Berufs die tägliche Mahnung zur unermüdlichen höhern Selbstentwickelung finden; wir wollen mit treuem patriotischem Herzen der Stunde des Kampfes, die auch wir zu erwarten haben, entgegensehen; und einst das edle Vermächtniß stolzer Erinnerungen auch für die kommenden Geschlechter niederlegen auf dem geheiligten Altar des Vaterlandes! —